Richard Deiß

Tief im Westen

100 Städte in Nordrhein-Westfalen, welche man kennen sollte

E-Mail-Adresse des Autors:
richard.deiss@gmail.com

Anregungen und Verbesserungsvorschläge sind willkommen und werden in der nächsten Ausgabe berücksichtigt.

Herstellung und Verlag: BoD - Books on Demand, Norderstedt
Sechste Auflage 2022, Originalausgabe

Printed in Germany

ISBN   978-3-7534-715-01

Bibliografische Information der Deutschen Nationalbibliothek
Die Deutsche Nationalbibliothek verzeichnet diese Publikation in der Deutschen Nationalbibliografie; detaillierte bibliografische Daten sind im Internet über http://dnb.d-nb.de abrufbar

Inhalt

Vorwort   4

Einleitung- Nordrhein-Westfalen   5

Auf- und Absteiger   7

1. Regierungsbezirk Detmold (Ostwestfalen-Lippe)   8

2. Regierungsbezirk Münster (Münsterland)   28

3. Regierungsbezirk Arnsberg (Sauerland)   52

4. Regierungsbezirk Düsseldorf (Niederrhein)   73

5. Regierungsbezirk Köln (Rheinland)   95

Anhang   **111**

Vorwort

Schon seit vielen Jahren hatte ich das Ziel, 1000 Städte in Deutschland zu besuchen. Im Jahr 2015 hatte ich es endlich geschafft. Und mit dem Lockdown im März 2020 kam ich endlich dazu, ein Buch über die besuchten Städte zu schreiben.

In dem kompakten Taschenbuch wollte ich die 250 interessantesten der besuchten Städte darstellen. Für manche schöne Kleinstadt fehlte jedoch der Platz. Schließlich beschloss ich, einen eigenen Band zu Süddeutschland, also Bayern und Baden-Württemberg, herauszugeben (`Butterseelenallein´). Im Laufe der Zeit kamen 5 weitere Bände für jede Großregion dazu.

Im vorliegenden Band werden die Städte in Nordrhein-Westfalen (NRW) dargestellt. Für jeden der 5 NRW-Regierungsbezirke werden die Top-10 Städte aufgelistet, welche mich am meisten beeindruckten, gefolgt von kurzen Texten zu etwa 10 weiteren Städten, die zu den Top 100 von NRW gehören (mit einer Raute ❖ markiert; Kleinstädte mit historischem Stadtbild sind mit ✪ markiert).

Seit der letzten Auflage habe ich mehrere Städte noch einmal besucht, um Eindrücke zu vertiefen, darunter Dülmen, Ahaus, Mönchengladbach und Recklinghausen, was teilweise zu neuen Bewertungen, erweiterten Texten und Änderungen in der Liste der Top 100 führte. Um dafür Platz zu schaffen, habe ich die Zahl der zusätzlich zu den Top-100 beschriebenen Orte um zehn reduziert.

Ich hoffe trotz der knappen Skizzierung der Reiseeindrücke, welche keinen Reiseführer ersetzen kann, findet der Leser im Büchlein Anregungen für eigene Städtebesichtigungen.

Wuppertal, im Februar 2022
Richard Deiß

Einleitung: Nordrhein-Westfalen

Mittlerweile habe ich alle 272 Städte in Nordrhein-Westfalen besucht und mein Reisegeschehen konzentriert sich jetzt eher auf die genauere Besichtigung der wichtigeren Städte.

Nordrhein-Westfalen hat in Bezug auf seine Bevölkerungszahl eine eher unterdurchschnittliche Dichte an sehenswerten Städten. Hier gab es keine freien Reichstädte und weniger Territorien mit ehemalige Residenzhauptstädten als anderswo in Deutschland. Auch sind die meisten größeren Städte im Krieg stark zerstört worden und, mit Ausnahme von Münster, nicht unbedingt in historischer Form wiederaufgebaut worden. Zudem hat es in vielen Orten starke industrielle Überformungen gegeben und auch Zerschneidungseffekte durch Verkehrsinfrastruktur. Durch die hohe Bevölkerungsdichte haben auch nicht alle Orte eine zentrale Funktion oder ein großes Hinterland. Innerhalb des Landes ist Ostwestfalen-Lippe am besten mit sehenswerten Kleinstädten ausgestattet. Hier gab es mit Lippe einst sogar einen eigenen Staat. Der Regierungsbezirk Arnsberg (Sauerland) hat nur relativ wenige sehenswerte Städte. Das Sauerland ist eher dünn besiedelt und, obwohl zentral gelegen, abgesehen vom nördlichen Rand mit seiner Städtekette, fast ein weißer Fleck in Deutschland. Das Münsterland hat Münster als Attraktion, sonst aber nur wenige, kleinere sehenswerte Städte. Im Regierungsbezirk Düsseldorf sind auch viele der kleineren Städte im Krieg stark zerstört worden. Hier gibt es nur sehr wenige erhalten gebliebene historische Stadtbilder. Im Regierungsbezirk Köln sieht es ähnlich aus. Die großen Städte, außer Bonn, wurden im Krieg stark zerstört. Kleinere Städte mit reicher historischer Bausubstanz gibt es dagegen nur wenige.

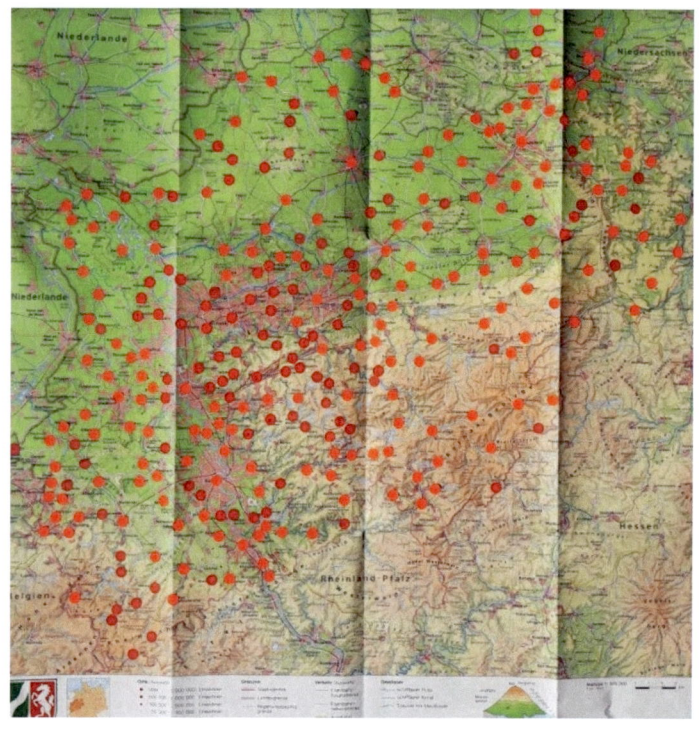

Auf dieser Karte habe ich mit roten Punkten alle 272 Städte
NRWs markiert, die ich bereits besucht habe. Die letzten
Lücken schloss ich im Frühjahr 2021.

Regierungs-bezirk	Städte	Top 100 NRW im Buch	Andere be-schriebene Orte
Detmold	52	21	6
Münster	45	21	12
Arnsberg	64	19	10
Düsseldorf	49	20	3
Köln	62	19	4
NRW	272	100	35

Auf und Absteiger

Mittlerweile habe ich alle 272 Städte in NRW besucht.
Seit der letzten Auflage habe ich jedoch verschiedene Orte
neu besucht, bzw. neue Ortsteile besichtigt. Zwei dieser
Städte steigen nach der Neubesichtigung in die Top 100
NRW auf. Dafür mussten zwei Städte absteigen, die mich
etwas weniger beeindruckt haben oder wo die Eindrücke
bereits verblassen.

Aufsteiger in die Top 100

	Grund
Ahaus	• Beeindruckendes Schloss • Brutalistische Marienkirche • Kleinteilige Innenstadt
Reckling-hausen	• Gut erhaltene Altstadt • Angenehmer moderner Bahnhof

Absteiger
Die zwei Städte, welche ich aus der Top 100 Liste strich,
sind **Vlotho, Werl** (aber weiter im Buch beschrieben).

Bessere Berücksichtigung
Obwohl ich vor kurzem die beiden Schlösser in **Mönchen-gladbach** erstmals besucht hatte, reichen die Sehens-würdigkeiten für mich immer noch nicht für eine Aufnahme
der Stadt in die Top 100 NRW. Jedoch habe ich den Text zu
Mönchengladbach in dieser Ausgabe ausgeweitet.
Auch bei einer genaueren Besichtigung von **Dülmen** reichte
es nicht ganz für die Top 100, aber zu Dülmen gibt es jetzt
einen kleinen Text. Wenn der unattraktive Bahnhofsbereich
Dülmens einmal umgebaut ist, könnte die Stadt auch an
Ahaus vorbeiziehen.

1.1 Regierungsbezirk Detmold (Ostwestfalen-Lippe)

Mittlerweile habe ich alle 52 Städte des Regierungsbezirks Detmold (Ostwestfalen-Lippe) besucht. Die größten Städte des Regierungsbezirkes haben nur wenig überregionale Ausstrahlung und ziehen kaum Besucher an. Bielefeld, trotz reichhaltigem Kulturangebot alles andere als eine Touristenstadt, gilt als eher spießig, seine Existenz wird sogar scherzhaft angezweifelt. Paderborn gilt als tiefkatholisch, konservativ und provinziell und hat trotz einer bedeutenden Kathedrale ebenfalls nur geringe überregionale touristische Anziehungskraft. Gütersloh ist neuerdings die dritte Stadt im Regierungsbezirk mit über 100 000 Einwohnern, übertrifft jedoch sogar Bielefeld in seiner auf den ersten Blick eher langweiligen Anmutung.

Dennoch ist von allen NRW-Regierungsbezirken hier der Anteil von Städten, die sehenswert sind, wohl am höchsten. Denn in Ostwestfallen und Lippe gibt es viele pittoreske, in ihrer historischen Architektur gut erhaltene Klein- und Mittelstädte, darunter etliche Fachwerkstädte. Das Fachwerk ist hier zudem oft kunstvoll verziert, im Gegensatz zu den eher schlichten schwarz-weißen Fachwerkfassaden des Rheinlandes. Ein bisschen erscheint Ostwestfalen wie ein Württemberg des Nordens, viel Gewerbe, viel Mittelstand, keine dominierende deutschlandweit ausstrahlende Metropole, aber viele starke lebendige Mittelstädte.

Die erste Stadt, welche mich in diesem Regierungsbezirk begeistert hat, war Warburg. Bei einem erneuten Besuch fand ich jedoch Detmold fast attraktiver. Auch Herford ist eine überraschend sehenswerte Stadt. Minden hat lauschige Fachwerkwinkel und technische Sehenswürdigkeiten.

Bei den kleineren Städten sind mir Blomberg und Schieder-Schwalenberg als sehr hübsch aufgefallen.

Am häufigsten besucht habe ich Bielefeld (mehr als 10x), gefolgt von Paderborn, Detmold und Herford (3-5x).

Die 10 Städte, welche mich am meisten beeindruckten

❖ Detmold

Lippe-Detmold eine wunderschöne Stadt heißt es im Lied. Die einstige Residenzstadt der Fürsten zu Lippe überstand den Krieg unbeschadet. Die Erwartungen bei meinem vorletzten Besuch waren deshalb hoch. Das neoklassische Opernhaus mit seinen Säulen erfüllte diese denn auch. Was das Schloss jedoch betrifft, da gibt es anderswo schönere. Auch Fachwerkstraßen hat man anderswo schon beeindruckender geschehen und das Hermannsdenkmal ist ein bisschen zu weit draußen. Bei einem Besuch im Juni 2020 überzeugt mich die Stadt jedoch, auch weil mein Erwartungshorizont mittlerweile etwas heruntergeschraubt war. Ich besuche das Lippische Museum, sehe den von Grünflächen umrahmten Schlossteich, etliche kleinere Flüsse und Stadtbäche, passable Einkaufsstraßen und werde auch gewahr, dass der Dramatiker Christian Dietrich Grabbe (1801-1836), von Heinrich Heine *betrunkener Shakespeare* genannt, in der Stadt geboren wurde und dort auch starb. Bei der Abreise stelle ich fest, dass auch das Bahnhofsgebäude recht repräsentativ ist.

❖ Bielefeld

Bielefeld sollte eigentlich nicht in dieser Aufzählung erscheinen. Bei meinem vorletzten Besuch kam mir die Stadt so atmosphärearm vor, dass ich beschloss, die Stadt aus der Liste der Top-Städte zu streichen. Doch als ich das neue Museum für den westfälischen Expressionisten Herrmann Stenner besuchte, kam mir das, was um den Kunsthallen-platz alles zu sehen ist, doch sehenswert vor. Zum einen der Kunsthallenpark und dann die 1960er Philip-Johnson-Kunsthalle selbst, *Elefantenklo* genannt. Dann gibt es noch ein altes Gymnasium am Platz, welches architektonisch beachtenswert ist, man sieht in die Einkaufsmeile Obernstraße hinein und erblickt zudem über der Stadt die Sparrenburg. Geht man Richtung Altstadt, kommt man noch am historischen Gebäude des Kunstvereins vorbei. Das alles zusammen ist schon einigermaßen sehenswert. Unterhaltsam an der *Puddingstadt* (wegen der hier ansässigen Firma Dr. Oetker so genannt) ist die 1994 durch den Informatiker Achim Held im Internet lancierte *Bielefeld-Verschwörung*, nach der es Bielefeld gar nicht gibt. Mittlerweile hat die Stadt dies für ihr Marketing aufgenommen und zum 25jährigen Jubiläum wurde sogar einen Preis ausgelobt, für den Beweis, dass es Bielefeld nicht gäbe. Nachdem keiner einen schlüssigen Beweis lieferte, wurde die Verschwörung 2019 offiziell begraben.

Gedenkstein im Zentrum zum Ende der Bielefeld-Verschwörung

Udo Lindenberg hatte schon 1976 im *Bielefeld-Lied* gesungen `*Und sehen wir uns nicht in dieser Welt, so sehen wir uns in Bielefeld*´.

❖ **Paderborn**

Ein Paderborner warnte mich einst, `also der Hauptbahnhof, naja´. Wenn man in Paderborn mit dem Zug ankommt, bietet der recht kleine Hauptbahnhof wirklich kein repräsentatives Entree. Mittlerweile ist das Empfangsgebäude abgerissen und an seiner Stelle wird ein Hotel errichtet. Tritt man aus dem Bahnhof heraus, empfängt einen eine nichtssagende städtische Szenerie. Geht man eine verkehrsreiche Straße Richtung Innenstadt, wird der Eindruck erst kaum besser. Die mittelalterliche Altstadt ging durch Bombardierungen im Zweiten Weltkrieg weitgehend verloren. Doch es gibt Highlights, wie sie etwa in Bielefeld nicht zu finden sind: den beeindruckenden Paderborner Dom, davor das Diözesanmuseum von Gottfried Böhm aus dem Jahre 1975 und dahinter die Paderquellen, denen Paderborn seinen Namen verdankt.

Dom und Museum

Zusätzlich zu nennen sind das im Krieg zerstörte, aber wiederaufgebaute Rathaus im Stil der Weserrenaissance und auch das Gymnasium Theodorianum mit seinem wuchtigen Turm, eine der zehn ältesten Schulen im deutschen Sprachraum. Über die Tatsache, dass Paderborn und Münster konservative katholische Städte sind, macht sich folgender Spruch lustig: *Und Gott sprach, es werde*

Licht. Und es ward Licht. Nur in Paderborn und Münster, da blieb es finster.

❖ Warburg

Bei meinem ersten Besuch von Warburg im Jahr 2013 war ich richtig geflasht von der großartigen Topografie, der Oberstadt auf dem Berg mit ihren großartigen Ausblicken, der Burg und den vielen Kirchen und der recht großen Fachwerkaltstadt im Tal. Mit hohen Erwartungen kam ich im Sommer 2019 wieder und ich fand die Stadt weiterhin schön, dieselbe Begeisterung wie beim ersten Mal wollte sich jedoch nicht einstellen. Immerhin konnte ich zur Diemelbrücke und von dort das Stadtpanorama genießen. In der Unterstadt an manchen Gebäuden Hochwassermarken. Hier gab es immer wieder Überschwemmungen. Zum Bahnhof zurück ist es ein sehr weiter Fußmarsch, erst den Berg hoch und später durch nicht so großartige Ecken der Stadt, wo zum Beispiel eine Zuckerfabrik steht. Überraschend am schönen Bahnhofsgebäude ist, dass sich in ihm ein buddhistisches Zentrum befindet. In der Oberstadt ist wiederum St. Jakob seit 1996 ein syrisch-orthodoxes Kloster und Zentrum der syrisch-orthodoxen Gemeinden Westfalens. Warburg als eine Art heimliches spirituelles Zentrum in der Mitte Deutschlands.

❖ Herford

Der baskischen Industriestadt Bilbao gelang es, durch das vom Kanadier Frank Gehry (*1929) entworfene spektakuläre Guggenheim-Museum auf die touristische Landkarte zu gelangen. Seither wird dies Bilbao- oder Guggenheim-Effekt genannt. In Herford hat man mit einem ebenfalls dekonstruktivistischen Museumsbau von Gehry ähnliches versucht. Doch im Westfälischen war man weniger erfolgreich. Herford wird weiterhin nicht von Besuchern überrannt. Geht man vom nahen Bahnhof zum MARTA-Museum, begegnet einem selten ein Tourist.

MARTA-Museum in Herford

Das Museum ist auch zwischen Straße und Fluss irgendwie eingeklemmt, eine richtige Platzwirkung ergibt sich nicht. Andeutungen eines Kulturviertels sind zu sehen, wie eine Musikschule, aber ein kohärentes Ganzes ergibt das nicht. Schaut man sich dann die geschäftige Textil- und Möbelstadt Herford näher an, mit einem repräsentativen Rathaus, der Münsterkirche, allen Arten von Fachwerkhäusern, mit Ziegel oder Lehm verfacht, und etlichen behaglichen Plätzen, stellt man fest, dass diese alte Hansestadt so sehenswert ist, dass sie durchaus mehr Besucher verdient hätte.

❖ Minden

Mindens Stadtbild mit seinem gotischen Dom ist insgesamt nicht atmosphärisch dicht genug, um den Status einer Touristenstadt erreichen zu können. Minden hat jedoch einige interessante Industriekultur-Sehenswürdigkeiten. Dazu gehören der Bahnhof, eine Schiffsmühle auf der Weser und das Wasserstraßenkreuz, wo sich Weser und Mittellandkanal kreuzen. Auch gibt es in der Oberstadt viele Fachwerkhäuser, darunter das sehenswert schmale *Windloch*. Und dann gibt es sogar noch ein kleines Fischerviertel am Fluss. Also lohnt ein Besuch doch.

❖ Lemgo

Lemgo ist eine wunderschöne lippische Mittelstadt mit einem im Krieg unzerstört gebliebenen historischen Stadtbild. André Kaminski (1923-1991) bezeichnete sie in *Shalom Allerseits. Tagebuch einer Deutschlandreise* (1987), als *weißen Raben unter den deutschen Städten*. Also kam ich mit hohen Erwartungen hierher. Die Stadt war an diesem Sonntag von Lage aus nicht mal per Bahn zu erreichen. In der Innenstadt war zudem wenig Leben. Der Aha-Moment fehlte und ich dachte schön, aber umwerfend ist das hier auch wieder nicht. Ich muss nochmal kommen.

❖ Blomberg

Kaum wo in NRW sah ich Fachwerkensembles in derartig frisch sanierter Perfektion wie in Blomberg. Ein Höhepunkt ist das vielgiebelige Fachwerkrathaus. Auf dem Marktplatz zeigt sich der Drang ambitionierter Kleinstädte, Bronzefiguren aufzustellen. Auf dem Brunnen eine Bronzeplastik, die Frau Alheyd darstellt. Diese stahl anno 1460 Hostien aus der Kirche und warf sie in den Brunnen. Die gingen jedoch nicht unter, das sprach sich rum und so avancierte

Blomberg zum Wallfahrtsort, was der Stadt wirtschaftlichen Aufschwung brachte.

❖ Gütersloh

Gütersloh ist für mich die Stadt des soliden Mittelmaßes. Kathedralen und Schlösser gibt es hier nicht. Immerhin gibt es eine solide Ansammlung von Fachwerkhäusern, vor allem am Kirchplatz, dessen guter Sanierungszustand den Wohlstand der Stadt zeigt. In einem prächtigen Fachwerkhaus befindet sich auch die schöne Buchhandlung Markus, die einmal der Grund für einen Besuch war. Gütersloh hat am 31. Dezember 2018 die 100 000-Einwohnerschwelle erreicht und ist damit nach Bielefeld und Paderborn die dritte westfälische Stadt mit dem Status einer (kleinen) Großstadt. Ob man jetzt ambitionierter ist? Als ich einmal den Bus von Gütersloh nach Rietberg nehme, sehe ich entlang der Neuenkirchener Straße doch sehr repräsentative Wohngebiete und denke, vielleicht versteckt diese Stadt ihr Stärken ein bisschen. Ein anderes Mal komme ich von Verl und der Bus fährt am Hauptsitz von Bertelsmann (der Drucker und Verleger Carl Bertelsmann, 1791-1859, wurde in Gütersloh geboren) vorbei, mit Skulpturen auf der Straßenseite und einem kleinen See dahinter. Dann passiert der Bus das große Gebäude von Mohndruck (benannt nach dem Gütersloher Unternehmer Reinhard Mohn, 1921-2009) schließlich fährt er auch noch an Miele-Produktionshallen (Carl Miele, 1869-1938, war ebenfalls ein Gütersloher Unternehmer) vorbei. Einst gab es den Spruch `nur Miele, Miele sagte Tante, die alle Waschmaschinen kannte´. Gütersloh also eine recht wirtschaftsstarke westfälische Mittelstadt. Die protestantischen Gütersloher waren einst so fromm, dass die Stadt im 19. Jahrhundert (Klein-) Nazareth genannt wurde. Heute ist sie eine Hochburg syrisch-orthodoxer Christen, viele Aramäer und Assyrer leben hier, sie machen mehr als 10% der Bevölkerung aus.

❖ Halle (Westfalen)

Einmal war ich in Halle in Westfalen kurz am Bahnhof, jedoch gelang es mir erst im April 2021 die Stadt ausführlicher anzuschauen. Vor allem der geschlossene Kirchplatz, wegen seiner Form auch *Haller Herz* genannt, ist mit seinen Fachwerkhäusern und der gotischen St. Johanniskirche sehenswert. Fachwerkhäuser finden sich auch in anderen Straßenzügen und dicht bei der Innenstadt die Höhenzüge des Teutoburger Waldes. Bahnmäßig ist die Stadt mit dem `Haller Willem´ auch passabel zu erreichen.

Ansonsten ist Halle für das in letzten Jahren zeitweise in Insolvenz befindliche Textilunternehmen Gerry Weber bekannt, welches auch die Gerry Weber Open sponsert, ein ATP-Tennisturnier, welches jedes Jahr in Halle stattfand.

Halle hat auch eine große Produktionsstätte des Süßwaren-herstellers Storck. Der Sitz der Firma ist heute jedoch offiziell Berlin.

Fachwerkhäuser am Kirchplatz (Haller Herz)

❖ Schieder-Schwalenberg

Den Ortsteil Schwalenberg erreiche ich im Februar 2013 mit einem Taxi. Ich muss mich fast beim Taxifahrer dafür entschuldigen, dass ich so wenig Zeit mitbringe und gleich wieder mit ihm zurückfahre. Denn der Ort mit seinem sehenswerten Fachwerkrathaus ist sehr pittoresk und liegt zudem in schöner Landschaft. In Schwalenberg gab es Anfang des 20. Jahrhunderts auch eine bedeutende Künstlerkolonie. Hier hielten sich vor allem Berliner und Düsseldorfer Künstler auf. Heute ist davon allerdings nur wenig übriggeblieben.

Fachwerkstadt Schwalenberg

❖ Brakel

Brakel ist eine putzige kleine ostwestfälische Stadt, welche ich im Winter 2013 besuche. Besonders gut gefiel mir der Rathausplatz, vor allem das Rathaus mit seiner grau umrandeten weißen Putzfassade und den Treppengiebeln. In den Seitenstraßen immer wieder sehenswerte Fachwerkhäuser, die oft aber kein Ensemble bilden. Brakel macht den Eindruck einer ruhigen, beschaulichen Kleinstadt.

❖ Lügde

Bei einem Besuch in Lügde im Jahr 2013 fiel mir die gut erhaltene Altstadt mit den vielen Fachwerkhäusern und der von einem grünen Wall umgebenen Stadtmauer auf. In einem Museum werde ich auf Lügde als Stadt der Osterräder aufmerksam. An Ostern lässt man hier mit Stroh ausgestopfte brennende Eichenräder von den umgebenden Bergen herunterrollen. In den letzten Jahrhunderten gab es immer wieder, vor allem durch die Kirche, Bemühungen, den Brauch zu verbieten. Als die Eisenbahn kam, rollte man die Osterräder immerhin nicht mehr von den bahnnahen Hängen runter. Für einen Geographen wie mich ist die Tatsache nicht unwichtig, dass der deutsche Kartograph Johannes Gigas (1582-1637) aus Lügde stammt. Im Jahr 2019 machte Lügde leider durch einen Missbrauchsfall auf einem Campingplatz im Ortsteil Elbrinxen Schlagzeilen.

❖ Bad Salzuflen

Bad Salzuflen ist eine große Mittelstadt, die an der Langen Straße eine beeindruckende Fachwerkparade aufweist, mit teilweise detailliert geschnitzten bunten Holzelementen. Als ich im Winter 2014 hier bin, gab es noch nicht den Geysir-Brunnen in der Innenstadt, dessen plötzliche Ausbrüche später Passanten irritieren sollten. Allerdings wäre er im Winter eh abgeschaltet gewesen. Als ich Bilder von Bad Salzuflen im Internet poste, meinte eine Kollegin, sie wäre dort geboren, so wie Jürgen von der Lippe. Otto Waalkes hat die Stadt in einem Gag erwähnt und später eine Frau geheiratet, die als Kind ein paar Jahre in Salzuflen lebte.

❖ Rietberg

Im Winter 2012 besuchte ich die kleine westfälische Fachwerkstadt Rietberg. Das Einzige, was mir wirklich in Erinnerung blieb, war dieses unglaublich pittoreske Fachwerkrathaus mit seinem skulptural gestalteten Treppenhaus.

Rietberg

❖ Bad Oeynhausen

Diese Kurstadt hatte ich lange nicht auf dem Schirm. Dabei
fährt der ICE vom Rheinland nach Berlin hier durch. Im
Winter 2012 stieg ich hier endlich mal aus und war
überrascht über die ausgedehnten Kuranlagen und die
vielen repräsentativen Gebäude. Interessanterweise gibt es
an beiden Enden der Bahnhofstraße ein Empfangsgebäude,
den Nordbahnhof und den Südbahnhof. Im Herbst 2019
sehe ich, wie der ehemalige Spiegel-Redakteur Matthias
Matussek Bilder aus Bad Oeynhausen postet. Er hatte einen
Herzinfarkt erlitten und war zur Reha in dieser Stadt mit
ihren Herzspezialisten.

❖ Bünde

Im April 2021 war ich gar nicht sicher, ob ich Bünde schon mal besucht hatte und ging nochmal durch die Stadt. Vom Bahnhof überquert man auf dem Weg in die Innenstadt den Fluss Else (What Else? denkt man unwillkürlich). An der Stadtkirche ein Denkmal für die Zigarrenpioniere Steinmeister und Wellensiek. Von Bünde ist es nicht so weit nach Bremen und aus dieser Tabakstadt soll Töns Wellensiek den Tabak mit einer Handkarre geholt haben. Geht man weiter, kommt man in die Eschstraße, eine für eine Mittelstadt recht repräsentative Einkaufsstraße. In den Seitenstraßen und um den Kirchplatz einige ansehnliche Fachwerkhäuser.

❖ Rheda-Wiedenbrück

Als ich im Sommer 2012 mit dem Zug auf dem Weg nach Berlin bin, mache ich in Rheda-Wiedenbrück Stopp und sehe kurz den Ortsteil Rheda. Hier schaffe ich es, den Ortskern, den Schlosspark und das Schloss zu sehen, alles recht hübsch. Ich hätte mehr Zeit gebraucht und noch fast 2 km weiter nach Süden gehen müssen, um zum Ortskern von Wiedenbrück zu kommen. Auch dort soll es einen schönen Marktplatz geben.

❖ Höxter

Höxter ist die östlichste Stadt Nordrhein-Westfalens. Auf dem Stadtgebiet liegt das Kloster Corvey, auf der UNECSO Weltkulturerbeliste verzeichnet und im Mittelalter eines der bedeutendsten Klöster Europas, was ich aber bisher nicht besichtigen konnte. In der Innenstadt selbst fällt das mittelalterliche Rathaus mit dem Fachwerkobergeschoss und dem Treppenturm auf. Etliche Fachwerkhäuser gehen mit komplexen Schnitzereien und bunten Elementen über den Standard hinaus, den man etwa im Sauerland findet.

Unweit vom Rathaus und direkt am Weserufer gibt es sogar einen Bahnhaltepunkt. Im Februar 2013 komme ich hier an und es liegt ein bisschen Schnee auf den Dächern der winterlichen Stadt.

❖ Bad Lippspringe

Bad Lippspringe hat keinen Bahnanschluss, nur eine Busverbindung nach Paderborn. Und als ich ankomme ist es schon dunkel. Die Kuranlagen und die Quelle der Lippe, `Odins Auge´ sind aber gerade nachts sehr eindrucksvoll beleuchtet. Man kann sogar an einer Quelle Heilwasser abfüllen.

Lippequelle bei Nacht

❖ Horn-Bad Meinberg

Die propere, aber etwas stagnierende Stadt Horn-Bad Meinberg ist das Tor zu den Externsteinen. Diese habe ich in den 1990er Jahren mal zur Sonnwende besucht, was bei einem linksalternativen Bekannten nicht allzu gut ankam, denn zu dieser Zeit des Jahres werden die Steine auch von deutschtümelnden Gruppen frequentiert. Im April 2021 kam ich wieder in die Stadt und sah viele stattliche Fachwerk-häuser und einen schönen Rathausplatz

Lübbecke

Lübbecke ist auf den ersten Blick eine recht verbaute, durch 1970er Jahre Architektursünden fast schon verunstaltete kleine Mittelstadt.

Am Rande der Innenstadt steht man plötzlich vor einem riesigen Loch. Hier wurde ein 1967 erbautes Kaufhaus mit anschließendem Parkhaus abgerissen, was eine ziemliche Lücke hinterlassen hat. Das Zeitalter der Kaufhäuser scheint zu Ende und damit gehen auch moderne, teilweise brutalistische Architekturelemente der Innenstadt verloren. Am Bauzaun frage ich ein Ehepaar aus der Stadt, was hier einst stand. Das Kaufhaus Deerberg meinen sie und dass es schade um die originelle Kachelfassade sei. Das Kachelmodul wurde von einem Schüler Eiermanns und anlehnende an die Hertie-Fassaden entworfen (Deerberg war Eiermann einst auf einem Flug nach New York persönlich begegnet) und manche Lübbecker haben sich noch eine Originalkachel gesichert. Anstelle des Kaufhauses wird kleinflächigerer Einzelhandel kommen, so ein Edeka. Zur Fußgängerzone hin wird die Fassade weniger monolithisch sein, sondern mit drei Giebeln die historischen Giebelfronten aufnehmen. Neben dem abgerissenen Komplex ein altes Fachwerkaus, einst Stammsitz der Familie Deerberg. Eine weitere Ecke der Stadt, welche einem auffällt, ist der Marktplatz. Der war einst geschlossen mit historischer Architektur bebaut, darunter vielen Fachwerkhäusern. Eine Modernisierungswelle in den 1970er Jahren hat hier zu Abriss von erheblichen Teilen der historischen Bausubstanz geführt, die durch heute hässlich und in der Innenstadt deplatziert wirkende moderne Wohnbebauung ersetzt wurde. Einzelne Fachwerkhäuser zeigen die verloren gegangene architektonische Qualität. Aber Lübbecke ist eine lebendige Stadt. So wurde in den letzten Jahren die

22

Pflasterung verbessert und Platten mit philosophischen Sprüchen eingelassen. Ich muss die Stadt nochmal besuchen, sobald die Lücke, die durch den Abriss des Kaufhauses gerissen wurde, geschlossen ist.

Baustelle in der Innenstadt von Lübbecke

Vlotho

Vlotho hat ein interessantes Bahnhofsempfangsgebäude: es befindet sich jedoch in einem schlechten Zustand und wird gerade für eine private Nutzung saniert. Vom Bahnhof muss man eine breite Straße überqueren, ist aber dennoch schnell in der Innenstadt. Diese weist eine lang gezogene Fußgängerzone mit etlichen sehenswerten Fachwerkhäusern auf. Es scheint zudem ein Programm der Fassadenbemalung zu geben, wie etliche Gebäudeecken nahelegen.

Geht man von der Innenstadt aus den Amtshausberg hoch, findet man oben Wohngebiete mit gutbürgerlicher Jahrhundertwendearchitektur und großartigen Aussichten über Weser und Ravensberger Hügelland. Zurück in der Fußgängerzone sieht man ein Kunstwerk, welches die vier Elemente und ihre Verbindung zu Vlotho zeigt: Erde-Ziegelwerke, Feuer-Zigarrenindustrie, Wasser-Weser, Luft-Windmühlen.

Nieheim

Die kleine, aber sehenswerte ostwestfälische Stadt Nieheim hat ein schönes Rathaus in relativ einfachem Weserrenaissancestil und manches hübsche Fachwerkhaus. Nieheim ist eine der wenigen deutschen Städte, nach welcher eine Käsesorte benannt (Nieheimer Käse) ist, und versucht sich als kulinarische und Käsestadt zu positionieren. Jedes Jahr findet in Nieheim ein Käsefestival statt.

Nieheims Rathaus (rechts)

Büren

Für die Mittelstadt Büren braucht man wahrscheinlich mehr Zeit, angesichts verstreut liegender Sehenswürdigkeiten, als ich sie im April 2021 hatte. Dennoch beeindruckte mich Büren bereits auf den ersten Blick. Denn ich kam vor der mächtigen Kulisse des Jesuitenkollegs an, flankiert von einer Jesuitenkirche mit sehr dramatischer, figurengekrönter Ostfassade. Mühlen gibt es in der Altstadt auch. Ich muss mir das nochmal in aller Ruhe anschauen.

Borgholzhausen

Borgholzhausen ist eine Kleinstadt im Teutoburger Wald mit einer Innenstadt mit historischer Anmutung und zahlreichen sehenswerten Gebäuden. Für mich ist Borgholz eine der angenehmsten Kleinstädte Ostwestfalens. Einziger Wermutstropfen ist die weite Entferung zwischen Innenstadt und Bahnhof, welcher mehrere km vom Orstkern entfernt an der Strecke Osnabrück-Bielefeld liegt.

Barntrup

Barntrup ist eine hübsche Kleinstadt ganz im Nordosten von NRW und unweit der Landesgrenze zu Niedersachsen. In der Stadt das Kerssenbrocksche Schloss, ein Weserrenaissancebau, der aber öffentlich nicht zugänglich ist, so dass ich im April 2021 vor verschlossenen Toren stehe. In Barntrup etliche Fachwerkhäuser, im niedersächsischen Stil mit Schriften verziert, so in der giebelständigen Unteren Straße.Zu den Städten in Lippe hieß es einst

Detmold dat hauge Fest (hohes Fest)
Lemgo dat Hexennest
Blomberg de Bläoume (Blume)
Hauern de Kräoune (Horn die Krone)
Jufflen dat Solfatt (Ufflen das Salzfass)
Barntrup will au nau wat.

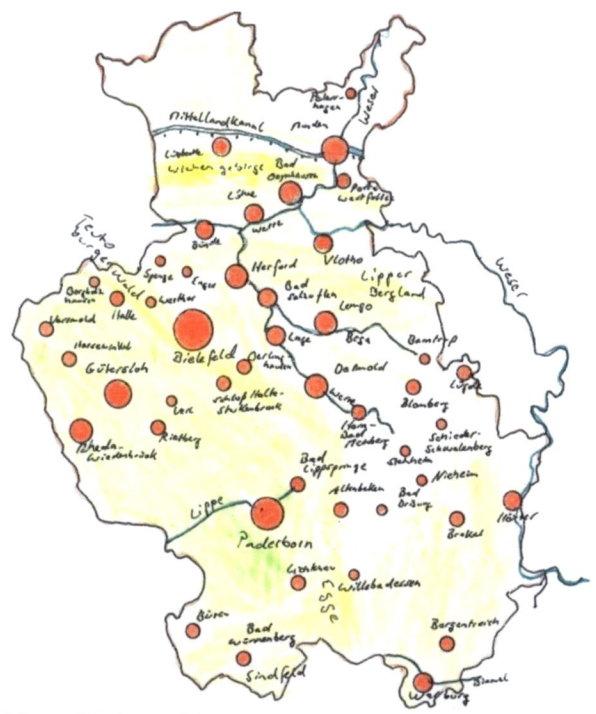

Handskizze RB Detmold

Besuchte Städte in Ostwestfalen-Lippe: 36 von 52

Top 100-NRW-Städte (top 10 fett):

Detmold, Bielefeld, Paderborn, Warburg, Blomberg, Gütersloh, Halle/Wf, Herford, Lemgo, Minden, Bad Salzuflen, Bad Oeynhausen, Bad Lippspringe, Brakel, Bünde, Höxter, Horn-Bad Meinberg, Lügde, Rheda-Wiedenbrück, Rietberg, Schieder-Schwalenberg.

Andere besuchte Orte: Altenbeken, Bad Driburg, Bad Lippstadt, Bad Wünnenberg, Barntrup, Beverungen, Borgentreich, Bünde, Büren, Enger, Espelkamp, Halle/Westf., Harsewinkel, Lage, Lichtenau, Löhne, Lübbecke, Petershagen, Porta Westfalica, Preuß. Oerlinghausen, Oldendorf, Rahden, Salzkotten, Schieder-Schwalenberg, Schloß Holte-Stukenbrock, Spenge Steinheim, Verl, Versmold, Vlotho, Werther, Willebadessen.

1.2 RB Münster (Münsterland, nördliches Ruhrgebiet)

Im Regierungsbezirk Münster, dem Münsterland also, habe ich bereits alle 45 Städten besucht. Das Münsterland hat eine attraktive Metropole und das ist Münster, die attraktivste und lebenswerteste Großstadt Westfalens.

Die recht flache Region ist agrarisch geprägt, sie gehört bereits zur Norddeutschen Tiefebene. Ziegelgebäude dominieren, etliche Fassaden sind in Sandstein ausgeführt, Fachwerk ist eher selten. Als Besonderheit gibt es eine große Zahl sehenswerter Wasserschlösser.

Während Münster selbst, was die Innenstadt betrifft, westfälisch behaglich und fast kleinstädtisch wirkt, gibt es neben dieser Metropole viele Klein- und Mittelstädte mit im Kern historischer Anmutung, die wie ein *Münster im Kleinen* wirken. Dazu gehören zum Beispiel Warendorf, Telgte oder Burgsteinfurt. Zum Regierungsbezirk gehört allerdings auch das eher unattraktive und mit Strukturproblemen kämpfende nördliche Ruhrgebiet, so die Städte Bottrop, Recklinghausen, Herne und Gelsenkirchen.

Die Stadt im Münsterland, welche mich bei meinen Besuchen immer am meisten beeindruckt hat, ist eindeutig Münster. Allerdings brauchte es eine gewisse Zeit, um mit ihr warm zu werden. Bei jedem Besuch gefiel sie mir jedoch besser. Bisher hat mich in dieser Region keine weitere Stadt so richtig umgehauen. Ich mag jedoch Billerbeck, Warendorf und Coesfeld. Manche Wasserburgen, so Anhalt in Isselburg oder Demen in Borken haben mich ebenfalls beeindruckt. Neben vielen hübschen Kleinstädten lohnen auch größere Mittelstädte wie Bocholt und besonders Rheine einen Besuch.

Am häufigsten besucht habe ich in diesem Regierungsbezirk Münster (mindestens 20x), gefolgt von Gelsenkirchen (5x), Ahlen und Recklinghausen (3x). Zweimal war ich in Coesfeld, Warendorf und Rheine.

<u>Die zehn Städte, welche mich am meisten beeindruckten</u>

❖ Münster

Bundespräsident (1949-59) Theodor Heuss, ein Schwabe, meinte einmal, wenn er in einer schönen Stadt wie Bamberg oder Bremen wäre, sage er immer, das sei die zweitschönste Stadt Deutschlands. Das provozierte dann die Frage nach der schönsten Stadt. Darauf antwortete Heuss: `*Münster*´. Dabei war die Innenstadt Münsters im Zweiten Weltkrieg stark zerstört worden. Die wichtigsten Straßenzüge wurden jedoch recht schnell im alten Stil wiederaufgebaut. Bei mir brauchte es trotzdem einige Besuche, bis sich eine gewisse Münsterbegeisterung einstellte. Blickt man vom Prinzipalmarkt auf die Lambertikirche, hat man den Eindruck, dass so ein Stadtbild in Deutschland doch etwas Besonderes ist. Weitere Highlights sind der Dom, der Stadthafen (`Kreativkai´), welcher immer interessanter wird, und die Promenade am Aasee. Zudem ist Münster deutsche Fahrradhauptstadt. Alle 10 Jahre macht die Kunstausstellung Skulptur Projekte die Stadt zudem besuchenswert.

Prinzipalmarkt in Münster mit Blick auf Lambertikirche

❖Billerbeck

Kommt man mit der Bahn in der kleinen Stadt Billerbeck an, hat man bald das Gefühl, hier stimme einfach alles. Ein kleiner sanierter Bahnhof, der zugleich Café und Kulturzentrum ist. Eine Infotafel erinnert am Bahnhof, dass im Jahre 809 in der Nähe von Billerbeck der Heilige Liudger, Missionar und erster Bischof von Münster, starb. Ein baumgesäumter Fußweg hinab in die Stadt. Dort eine fast geschlossene historische Bebauung, lauschige Plätze, schöne Kirchen und eine nette Fußgängerzone. Kein Wunder, zieht Billerbeck so viele NRW-Tagesausflügler an.

❖ Warendorf

Warendorf ist eine gemütliche kleine Pferdestadt im Münsterland unweit von Münster. Teilweise wirkt sie mit ihrer soliden Architektur wie ein *Münster im Kleinen*. Ich fuhr hin, weil die Zeitschrift Hörzu sie einmal unter den sehenswertesten Orten Deutschlands auflistete. Im Januar 2021 bin ich nochmal hier und entdecke lauschige Ecken an der Ems, etliche gemütliche Plätze und ein Stadtbild in seltener historischer Geschlossenheit.

❖ Coesfeld

Im Zweiten Weltkrieg wurde die Altstadt von Coesfeld zum großen Teil zerstört. Später fiel von der übrig gebliebenen historischen Substanz noch manches Haus der Stadtsanierung zum Opfer. Als ich nach Jahren wieder in die Stadt kam, erkannte ich den Bahnhofsbereich nicht wieder. Der alte historische Bahnhof war gegen den Widerstand von Teilen der Bevölkerung abgerissen worden. Ein moderner Wohn- und Bürokomplex befand sich stattdessen gerade im Bau. Als ich jedoch im Herbst 2020 durch die Innenstadt laufe, finde ich Coesfeld recht ansprechend.

Schlosspark Coesfeld

Die Bebauung ist recht dicht und dadurch urban. Ein großer Kirchturm schließt einen Platz eindrucksvoll ab. Bei einem weiteren Besuch im Januar 2021 komme ich vom Schlosspark her und stehe bald am kleinen Fluss Berkel. Von dort sieht man nicht nur die Rückseite des ehemaligen Schlosses, sondern gleich zwei beeindruckende Kirchtürme, den der Jesuitenkirche und den von St. Lamberti. Es scheint einem, man wäre in einer größeren, vielleicht polnischen Stadt, wie etwa Krakau. Irgendwie hat Coesfeld was. Es hat ja als Kreisstadt gewisse zentrale Funktionen. Und es liegt am Rande der Baumberge. Wasserläufe gibt es in der Stadt auch. Und eine belebte Fußgängerzone. Ein Ochse ziert das Stadtwappen und in der Stadt sind kleine Ochsenplastiken aufgestellt, die man auf einer *Ochsentour* abklappern kann. Ein türkischstämmiger Taxifahrer sagt mir, er fühle sich in Coesfeld sehr gut aufgehoben.

❖ Herten (Westerholt)

Anfang Mai 2021 postete ein Bekannter ein Video einer Radfahrt durch das Fachwerkdorf Westerholt, ein Ortsteil Hertens. Das sah nach so einer perfekten Idylle mitten im Ruhrgebiet aus, dass ich beschloss, bald auch mal hinzufahren (ich hatte ganz vergessen, dass ich dort 2015 schon war). Und an Pfingsten war Westerholt, trotz wirklich schlechten Wetters, genauso gut wie erwartet. Viel Fachwerkhäuser, kleine Sträßchen, lauschige Ecken, eine sehenswerte Kirche und sogar ein Schloss mit Wassergraben. Nur ein bisschen mehr Zeit und Sonne wäre gut gewesen. Der Rest von Herten schien nicht weltbewegend, aber auch nicht hässlich zu sein. Einziger Wermutstropfen: man kommt so schlecht hin. Der Taxifahrer meinte jedoch, die Stadt solle wieder Bahnanschluss bekommen.

Fast dörfliche Fachwerkstraße in Westerholt

Eine Stadt mit über 60 000 Einwohnern und mitten im Ruhrgebiet und es gibt keinen Bahnhof mit Schienenverkehr.

❖ **Lüdinghausen**

Lüdinghausen ist eine der schönsten Städte des Münsterlandes. In der Innenstadt gibt es gleich zwei von Wasser umgebene Burgen. Zum einen die altstadtnahe Burg Lüdenscheid. Dann, ein bisschen weiter von der Innenstadt entfernt, aber von noch mehr Wasser umgeben, die urige Burg Vischering mit ihren bunten Fensterläden und den interessanten Nebengebäuden. Als ich die Stadt im Winter 2013 besuche, sind die Gewässer zugefroren, und die Burg macht einen verwunschenen, märchenhaften Eindruck.

❖ **Rheine**

Rheine ist eine solide und typisch für den Nordwesten, muntere und dynamische Mittelstadt. Die Arbeitseinstellung zeigt sich bereits an der Bahnhofsfassade mit den Figuren eines Bergarbeiters und einer Textilarbeiterin. Der stadtabgewandte Bahnhofsausgang Rheine West führt zu einem sich in Entwicklung befindlichen Bürogebiet. In diesem neuen und überdachten Bahnhofsteil liegen die vorgesehenen Gastronomieflächen bei meinem Besuch im Januar 2021 pandemiebedingt leider brach.

Die fußläufig schnell vom Bahnhof erreichbare Altstadt mit ihrer spätgotischen Hallenkirche St. Dionysius, Resten einer Stadtmauer und historischen und moderneren giebelständigen Gebäuden, die sich zu einem sehr behaglichen Marktplatz gruppieren, ist gemütlich. Sie liegt zudem direkt an der Ems mit den interessanten Emswehren. Rheine ist eindeutig eine meiner Lieblingsstädte im Münsterland.

❖⊛ **Horstmar**

Horstmar ist eine winzige, aber in ihrer historischen Architektur gut erhaltene Stadt. Es macht richtig Spaß, durch die Stadt zu spazieren und immer wieder architektonische Überraschungen, wie den Merveldter Hof, zu entdecken. Horstmar, klein, aber oho. Wenn die Stadt nur einen Bahnhof hätte. Und ein bisschen mehr Einzelhandel.

Tor des Sendenhofes in Horstmar

❖ Steinfurt-Burgsteinfurt

Kommt man mit der Bahn in Burgsteinfurt an und geht Richtung Innenstadt, sieht man rechterhand das Schloss Burgsteinfurt. Man läuft direkt am Torhaus des Schlosses vorbei. Am Marktplatz das schöne Rathaus aus dem 16. Jahrhundert mit seinem auffälligen, detaillierten Giebel. Historische Bürgerhäuser mit schlichtem, aber markanten Treppengiebel fallen auf. Steinfurt bleibt mir, vor allem auch durch die von Wasser umgebene Schlossanlage, als sehenswert und behaglich in Erinnerung.

❖ ⊛ Tecklenburg

Tecklenburg wird auch *Balkon des Münsterlandes* genannt. Es liegt in den Höhen des Teutoburger Waldes und man hat von hier einen weiten Blick über das flache Münsterland. Eine adrette, an manchen Stellen fast pittoreske Kleinstadt mit schönen, weiß verputzen Fachwerkhäusern mit schwarzen Balken. Allerdings ist es eher ein sonntägliches Ausflugsziel als ein Einkaufsstandort, Läden gibt es nur wenige. Tecklenburg hat auch keinen Bahnanschluss. Im Jahren 2012 komme ich mit dem Bus von Lengerich an, aber kein Bus geht mehr zurück. Taxis gibt es auch keine.

☞Als ich Tecklenburg besuche und kein Bus mehr zurückfährt, muss ich fast 10 km zu Fuß nach Lengerich laufen. Ich stelle dabei fest, dass Lengerich selbst eine passable Kleinstadt ist. In der Altstadt fällt das Haus Römer auf, ein mittelalterliches Torhaus, in welchem heute eine Gaststätte sitzt. Auf einer Seite mit Fachwerkfassade, auf der anderen halb Naturstein, halb Ziegelfassade. Abgesehen davon blieb mir noch das riesige Zementwerk am Bahnhof von Lengerich in Erinnerung.

Tecklenburg- Balkon des Münsterlandes

❖ Gelsenkirchen

Wegen verschiedener Kunstmuseen war ich schon mehrmals in Gelsenkirchen. Es ist aber schwer, das Stadtbild mnemotechnisch an gewissen Gebäuden zu verankern, trotz des *Gelsenkirchener Barocks* (einem Einrichtungsstil). Es gibt weder eine historische Altstadt noch eine prägnante Kirche noch ein herausragendes modernes Gebäude. Der Hauptbahnhof hat die Atmosphäre einer Tiefgarage und tritt man aus ihm heraus steht man ratlos vor einer wenig urbanen Einkaufspassagenlandschaft. Gelsenkirchen ist mit Schalke eine Fußballstadt, aber nicht mal der Verein trägt den Namen der Stadt. Am ehesten gelingt es mir noch, Gelsenkirchen mit dem MiR, dem Musiktheater im Ruhrgebiet, zu verknüpfen, eine Theaterarchitekturikone der 50er Jahre, die ich besuchte, um eine Puccini-Oper zu sehen. Als ich im Juni 2021 nochmal die Stadt besuche sehe ich das Glasmosaik des Portalfensters des abgebrochenen alten Bahnhofs an der Fassade des Textilgeschäftes Boecker, welches auch schon wieder leer steht. Ich lasse mich mit dem Taxi zum Bismarckhafen bringen, wo eine neue Marina angelegt wurde, und neue Wohngebäude entstanden sind. Diese Waterfront macht die Stadt ein klein wenig interessanter.

Bismarckhafen

❖ Emsdetten

Nachdem ich Emsdetten besucht hatte, beschloss ich, die Stadt in die Liste aufzunehmen und dafür Greven zu entfernen. Dabei ist im Kernbereich eher Greven die schönere Stadt. Aber Emsdetten ist lebendiger, dichter und urbaner. Das fängt schon beim Bahnhof an. In Greven liegt er weit weg von der Innenstadt und hat weder Läden noch einen Fahrkartenschalter. In Emsdetten liegt der Bahnhof gleich an der Fußgängerzone, hat einen Fahrkartenschalter, Läden und gegenüber eine riesige Fahrradstation. In der Fußgängerzone das Café Extrablatt, die entsprechende Cafékette hatte hier ihren Ursprung, und viele Skulpturen, so die für Klein- und Mittelstädte typischen Bronzefiguren lokaler Originale oder zu Szenen der örtlichen Geschichte, aber auch modernere Varianten. Darunter ein Bronzedenkmal eines Wannenschiebers von Herbert Daubenspeck (*1929). Lange war die Wannenmacherei ein wichtiger Erwerbszweig in Emsdetten. In der Stadt gibt es sogar ein Wannenmacher-Museum.

❖ Recklinghausen

Die Ruhrgebietsstadt Recklinghausen wird auch als *Schrecklingsgrausen* verspottet. Dabei ist die Stadt besser als ihr Ruf. Recklinghausen hat die größte Altstadt im nördlichen Ruhrgebiet und eine über 1000jährige Stadtgeschichte vorzuweisen. Die Schäden durch die Bombardierungen des Zweiten Weltkriegs waren hier geringer als in vielen anderen größeren Städten. So ist die durch Ringstraßen deutlich definierte Altstadt von kleinteiligen Strukturen, historischer Bausubstanz und vielfältiger Architektur geprägt, mit etlichen gemütlichen Straßenzügen und inhabergeführten Geschäften. Bekannt ist Recklinghausen durch die Ruhrfestspiele. Die Stadt hat diese dem kalten Nachkriegswinter 1946/47 zu verdanken, als man in

Hamburg nicht wusste, wie man Opernhaus und Theater heizen sollte. Da fuhr der Direktor des Opernhauses mit einem LKW und ein paar Angestellten Richtung Ruhrgebiet und als sie bei Recklinghausen das erste Zechengebäude sahen, fuhren sie von der Autobahn runter, um die Bergarbeiter um Kohle zu bitten. Diese füllten die Ladefläche des LKW gratis und die Hamburger bedankten sich den darauffolgenden Sommer (1947) mit Opern- und Theateraufführungen (`Kunst gegen Kohle´) in der Stadt. Daraus sind die Ruhrfestspiele entstanden.

Kleinteilige, architektonisch intakte Innenstadt Recklinghausens

❖ ⊛Telgte

Beim Namen dieser Stadt muss ich immer an die Günter Grass' Erzählung *Treffen in Telgte* aus dem Jahr 1979 denken. Telgte ist ein kleiner Wallfahrtsort unweit von Münster und von behaglicher kirchlicher Architektur, oft cremefarbige Sandsteingebäude, geprägt.

❖ Bocholt

Bocholt ist eine muntere Mittelstadt unweit der niederländischen Grenze. Als ich für ein Fahrradbuch recherchierte, kam ich einmal hierher, um zu schauen, ob hier wirklich so viele Radfahrer unterwegs sind. Tatsächlich fand ich eine Fahrradstadt vor, die mich durch ihre geradlinige Dynamik und das schöne Rathaus auch sonst überzeugte. Zur Stadt gibt es den lokalpatriotischen Spruch `Nörgens bäter as in Bokelt' (nirgendwo ist es besser als in Bocholt). Im Oktober 2020 war ich wieder in der Stadt, diesmal fand ich sie jedoch weniger beeindruckend. Außer dem Renaissancerathaus gibt es nur wenige historische Gebäude. Immerhin Bemühungen, die innerstädtische Einzelhandelslandschaft durch großzügige Umbauten, die neue urbane Plätze schaffen, weiter voranzubringen. Ein Highlight auch das von Gottfried Böhm entworfene 1970er Jahre Rathaus, welches auf einer künstlichen Aa-Insel liegt.

❖ Dorsten

In Dorsten kannte ich bisher nur den Bahnhof mit seinem leerstehenden verwahrlosten Empfangsgebäude. Der Bahnhofsplatz ist auch nicht so toll und die Innenstadt schein weit zu sein. Im Juni 2021 schaffe ich es endlich während eines kurzen Aufenthaltes dorthin zu laufen. Und es ist gar nicht so weit und die Innenstadt recht passabel mit schönem

Marktplatz mit Rathaus und Stadtkirche. Der Bahnhofsbereich soll auch bald saniert werden.

<u>Dorsten-Wulfen (Barkenberg)</u>

Eigentlich bin ich jedoch gekommen, um die Reste der Neuen Stadt Wulfen zu sehen. Wulfen ist heute ein Stadtteil von Dorsten und die Neue Stadt liegt im Ortsteil Barkenberg. Dort wurde in den 1970er Jahren von der Bundesregierung geförderter experimenteller Wohnungsbau verwirklicht. Von der Metastadt, damals Pilgerziel von Architekturstudenten ist jedoch nichts übriggeblieben. Sie wurde bereits 1987 abgerissen. Die Taxifahrerin, die mich zum Bahnhof bringt, bedauert das. Sie hat den Bau der Metastadt noch erlebt und meinte dort hätte es sogar Arztpraxen gegeben und eher Mittelschichtsbewohner. 1974, Deutschland richtete, die Fußball-WM aus wurde die Der Wohnkomplex Metastadt fertig gestellt und anfangs war der Bau nach den Worten den Worten der Taxifahrerin voller Holländer, die wohl hier eine preiswerte Unterkunft gefunden hatten. Die schlampig gebaute und schlecht isolierte Metastadt stand bereits 1986 leer und wurde ein Jahr später abgerissen. Heute steht hier ein Seniorenheim.

Ein weiteres experimentelles Projekt, Habiflex, 1975 erbaut, steht jedoch noch. Nachdem bereits 2008 die letzten Mieter ausgezogen sind und 2016 ein Verkauf scheiterte, ist Habiflex ein von dichter Vegetation umgebener lost place. Und noch ein drittes Wohnexperiment ist zu finden, die Finnstadt. Vier fünfgeschossige Terrassenbauten mit Kreuzgrundriss und nahe dem Barkenbergsee gelegen. Kein sozialer Wohnungsbau und deshalb als Eigentumswohnungen verkauft war die (rote) Finnstadt ein so großer Erfolg, dass weitere ähnliche Bauten (schwarze Finnstadt) errichtet wurden.

Lost place Habiflex

❖ **Haltern am See**

Haltern liegt nicht nur an der Lippe, sondern hat am Rande der Innenstadt auch einen Stausee und nennt sich deshalb seit 2001 Haltern am See. Haltern gehört verwaltungstechnisch zum Kreis Recklinghausen und damit zum Ruhrgebiet, ist von seinem Erscheinungsbild jedoch eher eine münsterländisch geprägte Stadt. Um den Rathausplatz herum wirkt Haltern denn auch wie ein Klein-Münster. Im Jahre 2013 unternehme ich mit einer Bekannten eine Bootsfahrt auf dem Halterner Stausee, das Wetter ist gut und die Stadt scheint an diesem Tag uns beiden attraktiv zu sein.

❖ Waltrop

Waltrop ist bekannt für binnenschifffahrtstechnische Sehenswürdigkeiten wie ein Schiffshebewerk und eine Schachtschleuse. Außerdem sitzt hier auf dem Gelände einer ehemaligen Zeche die Nostalgieprodukte-Handelskette Manufactum. Ansonsten erwartete ich bei einem Besuch im Herbst 2020 in dieser Mittelstadt im nördlichen Ruhrgebiet nur wenig. Ich staunte jedoch nicht schlecht, als ich in der Innenstadt um St. Peter ein kleines idyllisches Fachwerkviertel fand. Die Gasse, die vom schönen Fachwerkhaus Tempel (1576 erbaut) in die Fußgängerzone führt, war weihnachtlich atmosphärisch beleuchtet und Waltrops Altstadt wirkte viel behaglicher als erwartet.

Waltrop im November 2020

❖ Ahaus

Im Januar 2022 besuchte ich Ahaus, um zu prüfen, ob es in die Liste der Top 100 NRW-Städte gehört. Nach diesem Besuch war ich mir noch immer nicht ganz sicher. Das beeindruckende, von einem Wassergraben umgebene Schloss im Stadtzentrum spricht jedoch für Ahaus.

Schloss Ahaus

Ein zweites Gebäude hat mich überrascht: die im brutalistischen Baustil gehaltene Kirche St. Mariä Himmelfahrt am Marktplatz. So etwas sieht man in einem historischen Zentrum einer kleinen Mittelstadt nur selten. Im 2. Weltkrieg wurde die Innenstadt von Ahaus stark zerstört. Der Kirchturm und das Kirchenschiff blieben aber stehen. Letzteres war jedoch baufällig und so wurde es 1965 abgerissen. An seine Stelle setzte der Kölner Architekt Erwin Schiffer (1925-2002) einen brutalistischen Bau mit Rasterfassade, der wie eine Faust aufs Auge zum historischen Kirchturm aus dem 16. Jahrhundert zu passen scheint. Während der Bau in seiner äußeren Anmutung provoziert, ist die Atmosphäre innen durch die vielen

Glasfenster, gestaltet durch den Künstler Georg Mustermann, sehr ansprechend.

Das Gebäude wird auch als *St. Horten* verspottet und wurde 2020 für den Twitter *World Cup of Ugly Churches* nominiert (den eine Kirche aus Michigan gewann).

Abgesehen von Schloss und Kirchturm ist die Innenstadt von Ahaus arm an historischen Gebäuden, jedoch zumindest kleinteilig in ihrer Struktur und mit einer intakten Fußgängerzone ohne großen Leerstand. Am Rande der Innenstadt fließt der Aa-Bach und an dessen Ufer weisen Informationstafeln auf eine interessante Industriegeschichte hin, zum Beispiel stand hier einst eine der größten Zündholzfabriken Deutschlands.

St. Mariä Himmelfahrt am Marktplatz von Ahaus.

Andere Städte

Gronau

Die Mittelstadt Gronau (50 000 Einwohner) liegt unmittelbar an der niederländischen Grenze und nicht weit von Enschede entfernt. Gronau hat eine Tradition als Musikstadt. Hier wurde 1946 Udo Lindenberg geboren und es gibt das *rock'n'popmuseum*. Als ich dort im Winter 2013 vorbeilaufe, fällt mein Blick auf die Silhouette von Udo Lindenberg. In der Stadt zudem ein Udo Lindenberg Denkmal.

Ahlen

Ahlen ist eine lebendige westfälische Mittelstadt mit Fachwerkhäusern, einer belebten Fußgängerzone und einem relativ gut kuratierten Kunstmuseum☆. Das Kunstmuseum war auch der Grund, weshalb ich diese solide kleine Mittelstadt schon mehrmals besucht habe.

Beckum

Beckum wurde im Krieg nicht zerstört und zeigt einen historischen Stadtkern. Leider ist die Innenstadt sehr weit vom Bahnhof entfernt. Am Bahnhof liegt der nur wenig urbane Ortsteil Neu-Beckum. Im Bahnhof Bilder, die auf Beckum als Zementstadt mit zwei großen Zementwerken hinweisen. In Beckum selbst zeigt das ehemalige Rathaus und heutige Stadtmuseum☆ eine beeindruckende historische Treppengiebelfassade. Am Markplatz einfache Fachwerkhäuser und schlichte Putzfassaden. Das sieht ok aus, aber außerhalb des Marktplatzes fehlt es an geschlossenen historischen Straßenzügen.
Beckum gilt als das *Schilda Westfalens*. Die *Beckumer Anschläge* sind eine Sammlung närrischer Geschichten. Der Legende nach ist Beckum sogar identisch mit Schilda.

Bottrop

Mit der unscheinbaren Ruhrgebietsstadt Bottrop, die immerhin fast 120 000 Einwohner hat, verbinde ich eine spektakuläre Sehenswürdigkeit, den Tetraeder, ein pyramidenförmige Aussichtsterrasse auf einer Halde mit weitem Blick über das Ruhrgebiet. Im Jahre 2016 komme ich nochmal nach Bottrop, um das Museum Quadrat zu besuchen. In dem transparenten Kubus des Museumsbaus sind Kunstwerke mit Quadratmotiven des in Bottrop geborenen Bauhauskünstlers Josef Albers (1888-1976) zu sehen. Besonders die Metallskulpturen im Museumspark gefallen mir gut.

Drensteinfurt

Von einem Besuch abends im Winter 2012 in Drensteinfurt blieb mir eigentlich nur die markante Alte Post in Erinnerung. Ein riesiges, mehrgiebliges Ziegelfachwerkhaus aus dem Jahre 1647, welches heute von der Stadt genutzt wird. Zu Drensteinfurt fällt mir der Witz ein, *in Paris hat jeder die Seine, in Drensteinfurt die Werse.* Die Stadt hat ihren Namen von einer Stein-Furt über diesen Fluss. In der Innenstadt gibt es ein Bronzedenkmal, welches zeigt, wie Walbraht, ein Enkel Widukinds im Ort die Wersefurt überquert, als er Gebeine des Märtyrers Alexander von Rom nach Wildeshausen überführt.

Marl

In Marl war ich bereits dreimal. Immer bin ich gekommen, um das Skulpturenmuseum Glaskasten Marl☆ zu besuchen. Man kommt am S-Bahnhof Marl Mitte an und findet sich erst in einer unwirtlichen Ecke der Stadt, die jedoch etwas behaglicher wird, wenn man am City-See ankommt, und die aufgelockerte Bebauung sieht. Am See auch das Skulpturenmuseum. Bei einem Besuch war dort der Titel des

Baudelaire-Gedichtbandes *Les Fleurs du mal* angebracht. Gleich musste man an *Fleurs du Marl* denken. Angeblich gab es lange auf dem Bahnhof von Recklinghausen keine Zigarettenwerbung, damit Fahrgäste beim Lesen des Wortes Marlboro nicht dachten, sie wären jetzt in Marl. Marl ist übrigens das englische Wort für Mergel.

❀ Rhede

Vor den Toren von Bocholt liegt die kleinere Mittelstadt Rhede. Es ist eine der schöneren Städte in der Niederrheinregion (wie Bocholt gehört es politisch jedoch zum RB Münster). In Rhede gibt es unweit vom Zentrum ein Schloss in einem Park. Das kleine Stadtzentrum, wegen der Nähe zu Bocholt einkaufsmäßig von geringer Zentralität, wirkt historisch geschlossen, dicht und kleinteilig. Die Kriegszerstörungen haben sich hier wohl in Grenzen gehalten. Als ich im Oktober 2020 hier bin, beklagen sich die Kneipenbesitzer, dass wegen des Lockdowns in den Niederlanden die holländischen Radtouristen nicht mehr kommen. Die Gegend ist nicht nur in Deutschland als Radreiseziel beliebt.

Gescher

Im Jahre 2005 traf ich auf einer Konferenz eine Frau, die aus Gescher stammte und als ich sagte, ich sammelte Städtebeinamen, meinte sie, das wäre die Glockenstadt. Seit 2013 trägt die Stadt sogar offiziell den Beinamen Glockenstadt. Auch gibt es ein Glockenmuseum in der Stadt. Als ich am Denkmal *die Wurstaufholer* stehe, auf die Pankratiuskirche blicke und dabei weitere historische Häuser sehe, beschließe ich die Stadt in dieses Buch aufzunehmen. Bis zur Neuauflage sehe ich dann jedoch weitere Städte im Münsterland, welche mir noch besser gefallen.

Greven

Im Spätsommer 2020 habe ich beim Umsteigen in Münster noch etwas Zeit und beschließe, in die an der Ems gelegenen Stadt Greven zu fahren. Die Innenstadt ist recht weit vom Bahnhof entfernt. Man muss dabei die Ems mit ihren weiten Auen durchqueren. An einem Verkehrskreisel am Rande der Innenstadt ein Bootsdenkmal, das auf das Wappen der Stadt Bezug nimmt, welches ein Boot zeigt. Dieser nautische Bezug wundert einen, denn der Fußmarsch vom Bahnhof zeigt, dass die Ems hier noch recht schmal und kaum schiffbar ist. Weiter Richtung Altstadt fällt das von Dieter Oesterlen 1973 erbaute brutalistische Rathaus auf. Auf Oesterlen gehen sonst viele Nachkriegsbauten in Hannover zurück. Der Altstadtkern auf einem Hügel um die St. Martinuskirche ist recht klein, aber von typisch münsterländischer Solidität und Behaglichkeit.

Isselburg

Isselburg ist eine Kleinstadt ganz im Westen des Münsterlandes, kurz vor der holländischen Grenze. Bei einem Besuch im Jahre 2013 staunte ich nicht schlecht über das sehr photogene und beeindruckende Wasserschloss Anholt☆, das man so in einer sonst eher reizlosen Gegend nicht vermutet hätte. Außer einem Rathaus in Anholt gibt es in Isselburg aber sonst nur wenig zu sehen. Während das Wasserschloss toll ist, ist der Rest der Stadt wohl zu klein für eine Liste der Top-Städte.

Wasserschloss Anholt

48

Vreden

Vreden ist, was sein Stadtbild betrifft, nicht besonders beeindruckend. Die Stadt wurde im Zweiten Weltkrieg stark zerstört und vereinfacht wiederaufgebaut. Am Marktplatz gibt es nur wenige historische Gebäude. Bei meinem Besuch im Januar 2021 wird ein Gebäude der Wiederaufbauzeit bereits wieder abgerissen. Vreden hat jedoch zwei Höhepunkte. Zum einen das im Jahr 2018 eröffnete Kulturzentrum *kult*☆ mit seiner modernen Architektursprache. Zum anderen das innenstadtnahe Bauernhaus-Museum, mit seinen pittoresken Scheunen. Beides atmosphärisch am Fluss Berkel gelegen. Als ich ein Bild des Kulturzentrums in einem Architekturforum poste, wird es von Freunden traditioneller Architektur als unförmig abgelehnt. Ein Vredener verteidigt es jedoch und meint, es würde von der Bevölkerung gut angenommen. Hätte Vreden jetzt noch einen Bahnhof, würde ich es in die Top 20 Städte des Münsterlandes aufnehmen. Doch bereits im Jahr 1958 wurde hier der Eisenbahnpersonenverkehr eingestellt.

Bauernhausmuseum in Vreden

Dülmen

Bisher bin ich in Dülmen immer nur umgestiegen und fand einen unattraktiven Bahnhofsbereich vor. Im Januar 2022 gelang es mir endlich, ins Stadtzentrum vorzudringen. Man sieht der Innenstadt die starken Kriegszerstörungen an, historische Gebäude gibt es nur wenige, auch der Marktplatz macht mit seiner Wiederaufbauarchitektur nicht viel her. Der Kirchplatz mit der St. Viktor-Kirche☆ ist da schon beeindruckender. Diese Kirche wurde im Krieg zerstört, aber in alter Kubatur wieder aufgebaut. Am Kirchplatz wertet ein neues mehrgiebliges Intergeneratives Zentrum (IGZ) mit heller, moderner Fassade den Innenstadtkern architektonisch auf. Die Innenstadt ist kleinteilig, mit recht engen Gassen und immer wieder Backsteinneubauten, seit 2019 auch am Overbergplatz, welche das Bild angenehm auffrischen. Die Altstadt lässt sich sogar durch ein letztes verbliebenes Stadttor, das Lüdinghauser Tor☆, betreten. Am Tor ein ehemaliger Jüdischer Friedhof mit Gedenktafel. Ein Stück weiter draußen eine architektonisch beeindruckende Kirche, erbaut durch Dominikus Böhm (1880-1955), dem Vater des berühmten Architekten Gottfried Böhm. Diese katholische Heilig-Kreuz-Kirche☆ war der letzte Kirchenbau in Deutschland vor dem 2. Weltkrieg. Auch diese Kirche wurde im Krieg teilweise zerstört, jedoch wieder aufgebaut. In der Kirche das Grab der heiliggesprochenen Mystikerin Anna Katharina Emmerick (1774-1824). Geht man weiter Richtung Bahnhof, ein weiterer architektonischer Höhepunkt: eindrucksvolle Reste des Textilwerkes☆ von Paul Bendix (1878-1932), als Produktionsstätte 1993 aufgegeben und heute ein Gymnasium. Zurück am Bahnhof enttäuscht dessen Umfeld, welches sich jedoch gerade im Umbau befindet. Ein neues Empfangsgebäude steht schon im Rohbau. Wenn der Bahnhof einmal fertig ist, könnte Dülmen vielleicht in die

Top 100 NRW aufrücken. Ich werde mir das Ende 2022 nochmal anschauen.

Neue Architektur im Zentrum von Dülmen gegenüber von Rathaus und St. Viktor-Kirche.

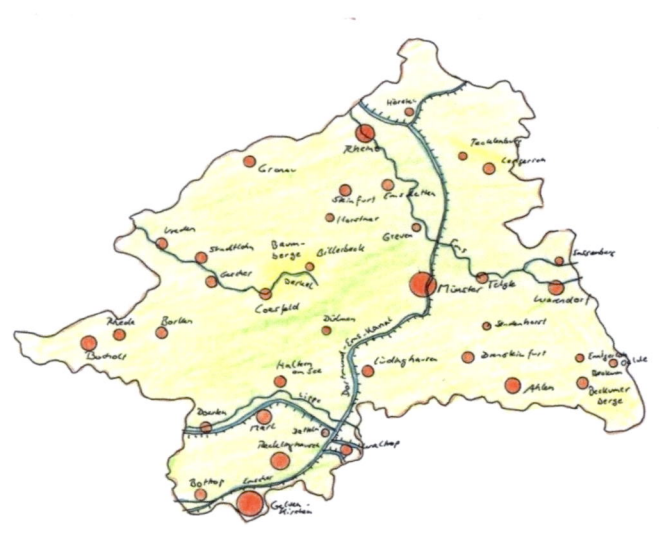

Handskizze RB Münster

Besuchte Städte im RB Münster: 45 (alle)

<u>Top 100 Städte NRW (Top 10 fett)</u>:

Münster, Billerbeck, Coesfeld, Herten (Westerholt), Horstmar, Lüdinghausen, Rheine, Steinfurt-Burgsteinfurt, Tecklenburg, Warendorf,

Ahaus, Ahlen, Bocholt, Dorsten, Emsdetten, Gelsenkirchen, Haltern, Recklinghausen, Telgte, Waltrop.

<u>Andere besuchte Orte:</u> Beckum, Borken, Bottrop, Castrop-Rauxel, Datteln, Dülmen, Ennigerloh, Gescher, Gladbeck, Greven, Herten, Hörstel, Isselburg, Lengerich, Marl, Ochtrup, Oelde, Olfen, Oer-Erkenschwick, Rhede, Sassenberg, Sendenhorst, Stadtlohn, Velen.

1.3 Regierungsbezirk Arnsberg (Sauerland)

Im Regierungsbezirk Arnsberg habe ich alle 62 Städte gesehen. Dieser Regierungsbezirk ist, was die Anmutung der Städte betrifft, sehr vielfältig und im Süden auch landschaftlich reizvoll. Zu ihm gehören Teile des Ruhrgebietes, so die Großstädte Dortmund und Bochum, sowie Hattingen, die schönste Stadt des Ruhrgebietes. Im Norden wirkt der Bezirk fast schon münsterländisch. Im Süden, im Sauerland, gibt es viele Mittelstädte, aber darunter ist keine wirklich sehenswerte Touristenstadt. Im Siegerland überzeugt Siegen auch nicht wirklich als Stadt, aber es finden sich hier fast schon hessisch anmutende sehenswerte Kleinstädte wie Freudenberg und Bad Berleburg. Hier gibt es dennoch einen geringeren Anteil von Fachwerkstädten als etwa in Südniedersachsen, Hessen oder Württemberg. Viele historische Gebäude zeigen Schieferdächer, teilweise ist Schiefer auch an den Fassaden zu finden. Oft überwiegen schlichte Putzfassaden. Im Ruhrgebiet und im Norden des Sauerlandes ist viel Industriearchitektur zu finden.

Durch die industrielle Prägung und eine fehlende historische Altstadt gelten Städte wie Bochum, Hagen und Hamm bundesweit als eher unattraktiv. Auch über das eher unterschätze Siegen werden Witze gemacht.

Am meisten beeindruckt haben mich bei meinen Besuchen Soest und Freudenberg, daneben Hattingen, Herdecke, Lippstadt und Teile von Dortmund.

Am häufigsten besucht habe ich in diesem Regierungsbezirk Dortmund (mehr als 15x), gefolgt von Hagen, (ca. 10x), Bochum, Hamm, Soest und Siegen (ca. 5x).

Die zehn Städte, welche mich am meisten beeindruckten

❖ Soest - heimliche Hauptstadt Westfalens

Soest mit seiner gut erhaltenen Fachwerkaltstadt wird viel gelobt. Wie in Münster brauchte es bei mir dennoch einige Besuche, bis wirkliche Begeisterung aufkam. Dieser Punkt war im Sommer 2019 erreicht, als ich erstmals den großen Teich☆ sah, mit einem schönen Fachwerkhaus am Ufer und dahinter die Türme der Wiesenkirche☆. Das war der Augenblick, wo es mich flashte und ich zum Soest-Fan wurde. Das Rathaus und die Altstadtkirchen kamen mir darauf magisch und reizvoll vor und sogar der moderne Betonklotz eines Kaufhauses in der Fußgängerzone schien irgendwie zu passen, so verzaubert war ich.

Zusätzlich entdecke ich noch einen begehbaren Stadtwall und manche schöne Fachwerkstraße. Soest, die mit Münster vielleicht attraktivste Stadt Westfalens.

❖ Dortmund - die Fußballstadt

Dortmund ist keine Touristenstadt, hat aber über das Stadtgebiet verteilt, doch etliche interessante Sehenswürdigkeiten aufzuweisen, wie alte Stahlwerke, das Museumszentrum Dortmunder U, eine H-Bahn, die neue, gehobene Wohnlage Phönix-See und eine lebendige Innenstadt.

In Dortmund ist Fußball eine Art Religion. Kommt man aus dem Hauptbahnhof, steht man vor dem Deutschen Fußballmuseum und einem Dortmund-Fanshop. Eine Rivalität besteht dabei zwischen Dortmund und Schalke. Um den Namen des Konkurrenzvereins nicht aussprechen zu müssen, sagen die Dortmunder Herne-West, die Schalker Lüdenscheid-Nord. Bayern-München Torwart Sepp Maier meinte einst: *Morgens um sieben ist die Welt noch in Dortmund* (nach dem Kurt Hofmann Film, den ich bei meinem ersten Kinobesuch sah). Zur Expo 2000 in Hannover trug Dortmund mit dem größten Indianerzelt der Welt, dem 35 m hohen Big Tipi bei. Nach der Expo wurde es in der Erlebniswelt am Fredenberg in Dortmund aufgestellt. Manche meinten darauf `Morgens um acht steht ein Zelt noch in Dortmund´.

Wie München gilt Dortmund als Bierstadt, einst war Dortmund die Stadt mit der höchsten Bierproduktion in Deutschland. Fußball und Bier scheinen zusammenzuhängen, doch München ist Dortmund mittlerweile sowohl als Fußballstadt als auch als Bierstadt enteilt.

Interessanterweise liegt der geographische Mittelpunkt von NRW in Dortmund, genauer gesagt im Stadtteil Aplerbeck.

❖ Freudenberg- die Kalenderstadt

Im Februar 2009 ließ ich mich vom Bahnhof Siegen mit dem Taxi nach Freudenberg bringen. Und ich hatte Glück, denn Neuschnee hatte die Landschaft verzaubert. Von einem Hügel aus sah man ein interessantes Muster von schwarzen Fachwerkbalken auf weißen Hausfassaden, irgendwie seriell, und dennoch mit leichten Unterschieden. Verzuckert durch den Schnee sah das faszinierend und unwirklich aus. Fast besser als die Postkartenansicht, die man schon in etlichen Deutschland-Bildbänden gesehen hat.

❖ Arnsberg - die kleine Hauptstadt

Arnsberg ist die Hauptstadt des gleichnamigen nordrhein-westfälischen Regierungsbezirks. Es ist eine von Industrie geprägte Mittelstadt mit eher wenigen Sehenswürdigkeiten. Allerdings gibt es eine kleine Altstadt auf einer Anhöhe, die fast dörflich beschauliche Szenen bietet, so ein Brunnen vor einem Tore, flankiert von kleinen Fachwerkhäusern. Ich komme hier einmal nachts an und bin beeindruckt von der Topografie und der Beschaulichkeit der kleinen Altstadt. Im Februar 2021 bin ich wieder hier und die Altstadt erscheint mir diesmal größer. Am Rande der Altstadt sogar ein ganzes Klassikviertel. Vom Landrücken der Altstadt erkennt man die interessante Topografie der Stadt, deren Bebauung an mehreren Stellen steil die Hügel hochsteigt. In einem Verkehrskreisel ein großes A, was für Arnsberg steht. In Arnsberg wohnt der CDU-Politiker Friedrich Merz.

❖ Siegen – die Rubensstadt

Was ist schlimmer als verlieren? Siegen. Einmal las ich, Siegen wäre eine Stadt, die sich zum Sterben in die Berge gelegt hätte. Der erste Eindruck von Siegen ist nicht so toll, vor allem wenn man mit der Bahn ankommt und den wenig repräsentativen Hauptbahnhof durchschreiten muss. Siegen hat auch keine so atmosphärische Altstadt, die Oberstadt ist recht arm an historischen Gebäuden, abgesehen vom Oberen und Unteren Schloss, die architektonisch aber auch nicht so viel hermachen. Was aber schon beeindruckt, ist die Topografie, die sieben und mehr Hügel, auf denen Siegen liegt. Was Gewässer betrifft, gibt es nur einen kleinen Fluss, die Sieg. Doch mit dem Projekt *Siegen zu neuen Ufern* hat man den Fluss mit einer Zurücknahme der Überbauung, der Renaturierung des Flussbettes und dem Anlegen von Terrassen für die Bevölkerung in der Innenstadt wieder deutlich erlebbarer gemacht. Das hat der Stadt gutgetan. Was viele nicht wissen: in Siegen wurde der flämische Maler Rubens geboren. Im Schloss gibt es Rubensbilder und die Stadt verleiht einen Rubenspreis. Im März 2021 steige ich im nördlichen Stadtteil Geisweid von der Bahn in den Bus um. Der Stadtteil ist industriell geprägt und durch eine aufgeständerte Stadtautobahn optisch beeinträchtigt. Spontan fällt mir ein `Was ist schlimmer als Verlieren? Siegen-Geisweid´. Zwischen Geisweid und der Innenstadt verläuft übrigens der ALDI-Äquator. Siegen und Gummersbach sind die beiden Städte, wo die Grenze zwischen ALDI Nord und Süd durch das Stadtgebiet verläuft.

❖ Hattingen - die Fachwerkstadt

Hattingen gilt mit seiner gut erhaltenen Altstadt, die von Fachwerk- und Schieferfassaden geprägt ist, als schönste Stadt des Ruhrgebietes. Das Alte Rathaus und das Bügeleisenhaus☆ fallen dabei besonders auf. Allerdings ist die Altstadt nur klein und teilweise von brutalistischen Gebäuden belagert. Vom Bahnhof kommend muss man zusätzlich mehrspurige verkehrsreiche Straßen überwinden. Hier handelt es sich eben doch nicht um eine kleine gut erhaltene Stadt in der Peripherie, sondern eine Mittelstadt in einem Ballungsraum.

❖ Bochum

Tief im Westen, wo die Sonne verstaubt
Ist es besser
Viel besser, als man glaubt.
Bist ne ehrliche Haut
Leider total verbaut
Aber gerade das macht dich aus.
(Herbert Grönemeyer, `Bochum´)

Bochum ist keine Schönheit, aber eine ungeschminkte, ehrliche Stadt, die doch einige Sehenswürdigkeiten aufweisen kann, wie Kunstmuseen, einen brutalistischen Universitätskomplex am Hang der Ruhr mit großartigen Ausblicken auf das Ruhrtal und ein nachts sehr belebtes Kneipenviertel, *Bermudadreieck* genannt. Bochum hat kein Opernhaus aber mit dem Schauspielhaus ein deutschlandweit bekanntes Theater. Im Oktober 2016 kam noch mit dem Anne-Brost-Musikforum noch eine Spielstätte für klassische Musik hinzu.

❖ Lippstadt

Die große Mittelstadt Lippstadt liegt an der Grenze dreier Regierungsbezirke und Regionen. Sie grenzt an das Münsterland aber auch an das Paderborner Land und damit Ostwestfalen. Sie liegt in der norddeutschen Tiefebene, gehört aber zum hügeligen Bezirk Arnsberg. Wie das nördliche Ruhrgebiet liegt Lippstadt an der Lippe. Lippstadt wurde 1185 gegründet und ist die älteste Planstadt Westfalens. Ich habe die Stadt erst einmal besucht, 2012, und war von der aufgeräumten Altstadt positiv beeindruckt. Auffallend sind die vielen dicktürmigen, weißverputzten Kirchen.

❖ Menden

Menden ist eine solide und mit dem Marktplatz mit Altem Rathaus und der St. Vinzenz-Kirche durchaus sehenswerte sauerländische Mittelstadt. In der Altstadt gibt es sogar Bachläufe mit einer Mühle. Man kommt an einem wenig repräsentativen Bahnhof an, aber gleich begrüßt einen eine vieltürmige Stadtsilhouette, die einen für die Stadt einnimmt.

❖ Herdecke

Herdecke ist eine der atmosphärischten Städte des südlichen Ruhrgebietes. Mit dem Bachviertel☆ gibt es am Rande der

Altstadt eine sehr pittoreske Ecke mit Fachwerkhäusern und kleinen Brücken. Die historische Innenstadt selbst ist angenehm kompakt und gemütlich. Durch seine Topografie mit Höhenzügen mit Blick auf Ruhrtal und Hengsteysee hat Herdecke sogar gehobene Wohnlagen zu bieten. Dazu gehört der nördliche Stadtteil Ahlenberg im Ardeygebirge mit dem weiten Blick auf die Landschaft. Spieler von Borussia Dortmund, und einst auch der Trainer Jürgen Klopp, wohnten hier. Mit Roy Black hatte ein zweiter Prominenter einen Wohnsitz in der Stadt.

Bereits 1986, mit 43 Jahren, brach Black aufgrund eines Herzfehlers zusammen und wurde ins Krankenhaus in Herdecke eingeliefert. Zusammen mit dem Schlagersänger Tommy Steiner erwarb er ein Doppelhaus in Herdecke, wo seine Freundin Carmen Böhning lebte und wo er von Dezember 1990 bis zu seinem Tod im Oktober 1991 wohnte. Weil in Herdecke einkommensstarke Steuerzahler wohnen, das benachbarte Hagen dagegen ziemlich pleite ist, gab es Bestrebungen Hagens, Herdecke einzugemeinden.

❖ Unna

Unna ist eine solide westfälische Mittelstadt. Seit vielen Jahren möchte ich hier einmal das Zentrum für internationale Lichtkunst besuchen, bin aber bisher nicht dazugekommen. Hier bin ich schon ein paarmal umgestiegen und einmal konnte ich die Innenstadt besichtigen. Diese ist nicht besonders spektakulär, hat aber einzelne Highlights wie Stadtmauerreste und Fachwerkwinkel. Es wird allerdings auch deutlich, dass es hier stärkere Kriegszerstörungen gegeben hat.

❖ Lüdenscheid

Lüdenscheid liegt auf über 400 m in den Höhenzügen des Sauerlandes und ist eine der größten Städte dieser Region. Ich bin einmal im Dezember hier und es ist entsprechend kühl und in der atmosphärisch beleuchteten (immerhin nennt sich Lüdenscheid wegen bedeutender Beleuchtungshersteller Lichtstadt), aber wenig belebten Altstadt mit ihren kleinen Kneipenstraßen liegt Schnee. Hier sind die Straßen ringförmig, den Höhenlinien folgend, um eine Kirche angeordnet. Lüdenscheid ist keine Touristenstadt, liegt aber landschaftlich schön und hat über das Stadtgebiet verteilt repräsentative Bauwerke der Jahrhundertwende und industriegeschichtliche Sehenswürdigkeiten vorzuweisen, sowie mehrere Schlösser. Lüdenscheid liegt trotz seiner Größe nur an einer eingleisigen Nebenstrecke. Das einstige Bahnhofsgebäude wurde deshalb abgerissen. Weil es keine Weiche gibt, ist es streng genommen nicht mal ein Bahnhof, sondern nur ein Haltepunkt der Bahn.

❖ Werne

Neben Hattingen ist Werne die schönste kleinere Stadt im Ruhrgebiet. Ein Rathaus aus dem 16. Jahrhundert mit bunten Fensterläden und einem Arkadengang und einzelne Fachwerkhäuser sorgen für historisches Ambiente.

Als im Jahr 2019 das Stadtmuseum umgestaltet werden sollte, fragte man sich nach der dort zu zeigenden Identität: Ist Werne mehr eine Stadt des Münsterlandes oder eine des Ruhrgebietes? Die *Ruhr Nachrichten* machen eine Online-Umfrage. Der Aussage `*Wir liegen nördlich der Lippe, gehören damit ganz klar zum Münsterland. Das Ruhrgebiet fängt erst in Rünthe an´* (ein Ortsteil von Bergkamen am Hamm-Datteln-Kanal) stimmen 42 % zu. Der Aussage `*Werne kann auf eine 75-jährige Bergbau-Tradition zurückblicken. Dadurch zählen wir eindeutig zum Ruhrgebiet´* stimmen nur 22% zu. Der Aussage `*Werne ist ein Scharnier zwischen Münsterland und Ruhrgebiet und lebt gut damit´* stimmen immerhin 34% zu. Es kommt in Werne auch darauf an, wo man wohnt. Im Ortsteil Evenkamp mit den Bergarbeitersiedlungen der ehemaligen Zeche Werne sieht man sich eher als Teil des Ruhrgebietes als in den nördlichen bäuerlichen Ortsteilen.

❖ Schmallenberg, die Strumpfstadt

Schmallenberg ist mit über 300 km^2 die flächengrößte kreisangehörige Stadt Nordrhein-Westfalens. Die Kernstadt mit ihren 6000 Einwohnern ist jedoch klein und besteht im Wesentlichen aus zwei auf einem Landrücken liegenden parallelen Straßenzügen, welche von Häusern mit grauen Schieferfassaden geprägt sind. Ich besuche die Stadt im Jahr 2013, weil sie auf der List der NRW Städte mit historischem Stadtkern zu finden ist. Schmallenberg war das Zentrum der sauerländischen Textilindustrie mit Produktionsschwerpunkt Strumpfwaren, deshalb der Beiname

Strumpfstadt. Als ich auf den Bus nach Meschede warte, fällt mir eine Produktionsstätte der Sockenfirma Falke auf.

❖ Bad Berleburg

Im winterlichen März 2013 besuche ich Bad Berleburg und auf 420 m Höhe ist es hier recht kühl und in einem Jahr mit Endloswinter alles noch verschneit. Es liegt im Wittgensteiner Land, wo die Dichte an historischen Städten etwas höher ist als weiter nördlich im Sauerland. Was sich mir in Bad Berleburg einprägt hat, ist zum einen das im Zentrum gelegene Schloss Berleburg, zum anderen sind es die steilen Altstadtstraßen mit ihren Schieferfassaden.

Wintermärz 2013 im Zentrum von Bad Berleburg

❖ Altena, die Burgen- und Drahtstadt

Ich hatte einmal einen Kommilitonen, der aus Werdohl stammte. Er zitierte den Satz *von Pol zu Pol ist es nirgends so schön wie zwischen Altena und Werdohl*. Altena ist dafür bekannt, dass in der aus dem 12. Jahrhundert stammenden Burg Altena im Jahr 1914 die erste Jugendherberge eingerichtet wurde. Kommt man mit dem Zug an, liest man am Bahnhofsgebäude `Willkommen in der Burg- und Drahtstadt Altena'. Die Stadt zieht sich in einem engen Tal auf beiden Seiten der Lenne entlang. Schnell fällt einem die auf einem Hügel thronende imposante mittelalterliche Burg (12. Jahrhundert) mit ihren Türmen auf. Dass die eisenverarbeitende Industrie hier einst wichtig war, insbesondere die Drahtindustrie, sieht man auch an der Stadtmöblierung des rechten Lenne-Ufers. Hier stehen zahlreiche Metallbäume, die an Schneebesen erinnern. Ich bin zweimal in Altena. Einmal im Winter 2012, um die Burg zu sehen. Ein zweites Mal im Herbst 2014, um den neuen Erlebnisaufzug zur Burg auszuprobieren. Abgesehen von der attraktiven Burg wirkt die Unterstadt etwas durch Fluss und Straße eingeklemmt und insgesamt nur mäßig ansprechend. Im März 2021 fahre ich mit der Bahn an Altena vorbei und finde beeindruckend, wie sich die Wohnbebauung steil die Hügel hochzieht.

❖ Hagen

Hagen ist auf vielen Listen der hässlichsten Städte Deutschlands zu finden. Bei einem Besuch Hagens ist man erstaunt, wie wenig Sehenswürdigkeiten es in der Innenstadt gibt. Eine Ausnahme ist das Osthaus-Museum, aber das ist noch gar nicht so alt. Vor seiner Eröffnung war hier also sehr wenig geboten. Die Stadt tut einem fast leid. Immerhin gibt es ein Opernhaus und der Bahnhof sieht auch nicht schlecht aus, zumindest von außen. Zudem gibt es mit dem Hohenhof, Museum des Hagener Impulses, eine Jugendstil-Sehenswürdigkeit. In der Bahnhofspassage machen neu platzierte Fotos darauf aufmerksam, dass es in der Stadt auch eine Fernuniversität gibt.

In den frühen 1980er Jahren war Hagen kurz auf der deutschen Musiklandkarte: Gruppen wie Extrabreit und Nena kamen aus der Stadt, was ihr zum Beinamen *Deutsches Liverpool* verhalf.

Im Juni 2021 komme ich nochmal nach Hagen und diesmal schaue ich mir die 1926-27 von Hagener Architekten erbaute wunderbare Cuno-Siedlung an (benannt nach dem damaligen Bürgermeister Willi Cuno).

Danach besuche ich ein weiteres highlight, die Jugendstilstraße Stirnband, einst als Künstlerkolonie Hohenhagen vom örtlichen Mäzen Karl Ernst Osthaus gefördert, doch nie vollendet. In der Straße findet sich auch der Hohenhof, eine einst von Osthaus bewohnte Jugendstilvilla, heute ein Museum und eine von Peter Behrens für den Hagener Bürgermeister Cuno im Bauhausstil erbaute Villa.

Cuno-Siedlung

64

Hagen-Hohenlimburg

Im Dezember 2020 besuche ich den Stadtteil Hohen-limburg, wegen seiner schönen Lage und historischen Alt-stadt auch *westfälisches Rothenburg* genannt. Mit Rothen-burg ob der Tauber kann Hohenlimburg, das auch nach der Eingemeindung nach Hagen noch lange für seine Unab-hängigkeit kämpfte, allerdings nicht gerade mithalten. Auch in Hohenlimburg sind viele alte Fabrikanlagen zu sehen. Allerdings gibt es hier auch idyllische Fachwerkwinkel, die Ruinen eine Burg und atmosphärische Lagen am Wasser.

❖ ✜ Rüthen

Rüthen war im Mittelalter Hansestadt und administrativer Mittelpunkt des Herzogtums Westfalens. Seine einstige Bedeutung ist noch am historischen Stadtkern und der in großen Teilen erhaltenen Stadtmauer, die den Kern fast schon großzügig, wie ein zu weiter Gürtel, umschließt, abzulesen. Mit seinem stimmigen und dennoch nicht musealen historischen Stadtbild gehört Rüthen zu den schönsten Städten im Bezirk Arnsberg.

Rüthen

65

❖ Olpe, Stadt der tausend Linden

Als ich im März 2021 mit dem Bus aus Siegen in Olpe ankomme und am 1970er Jahre Rathaus vorbei gehe, gelange ich alsbald zu einem schönen Platz mit dem interessanten, 1998 aufgestellten Geschichtsbrunnen. Der zeigt Szenen der Stadtgeschichte wie ein Stadtbrand oder die Zerstörung am Ende des Zweiten Weltkrieges. Hinter dem Brunnen ist eine Stadtmauer mit einem Türmchen zu sehen, hinter der Stadtmauer eine Kirche, wie die Mauer ebenfalls feldsteinsichtig. An der Mauer viele Linden, Olpe wird auch *Stadt der tausend Linden* genannt. Ich gehe die Mauer hoch und komme alsbald an einen Marktplatz, wo die Bronzestatue eines Pannenklöppers (Pfannenklopfer) steht. Olpe war einst eine Stadt der Schmiede. Noch heute haben erfolgreiche Mittelständler der Metallindustrie ihren Sitz in der Stadt und wie Attendorn gehört Olpe zu den wohlhabenden Mittelstädten in NRW. Wegen der Stadtmauer und weil Olpe auch schön in eine Hügellandschaft eingebettet ist, nehme ich die Stadt in die TOP 100-NRW-Liste auf.

Stadtmauer von Olpe.

Andere Städte

Brilon

Das Sauerland liegt in der Mitte Westdeutschlands, doch es ist arm an sehenswerten Städten. Das auf 450 m Höhe gelegene Brilon gehört mit seinem im Mittelalter erbauten Rathaus, eines der ältesten Deutschlands, zu den attraktiveren und sehenswerteren Kleinstädten. Im kalten März 2013 reise ich von Winterberg kommend über den ungemütlichen Bahnhof Brilon Wald mit dem Zug an. Außer dem Rathaus bleibt mir nur die fünf-türmige Probsteikirche in Erinnerung. Im Februar 2021 sehe ich den Bahnhof wieder und er ist immer noch der Inbegriff der Ungemütlichkeit.

Werl, die Wallfahrtsstadt

Werl ist eine kleine Wallfahrtstadt, die von Kirchengebäuden geprägt ist, vor allem der Wallfahrtsbasilika. Mit der Krämergasse gibt es auch eine kleine pittoreske Fachwerkgasse. Sogar eine Windmühle gibt es in Werl.

Winterberg

Winterberg ist, wie der Name schon nahelegt, ein Wintersportort, gelegen zwischen den höchsten Erhebungen in NRW, Langenberg (843 m) und Kahler Asten (841 m), Einzugsgebiet neben NRW sind die Niederlande. Im März 2013 bin ich hier und es ist fast ein Winter ohne Ende, alles ist noch tief verschneit. Die Stadt selbst weist weniger stimmungsvolle Architektur auf als Skiorte in den Alpen. Geschlossene Hotels weisen darauf hin, dass der Ort schon bessere Zeiten gesehen hat. Dennoch, die Landschaft ist beeindruckend und der Ort gut per Bahn erreichbar. Die

Bahnstation wurde 2018 von der Allianz pro Schienen sogar zum *Bahnhof des Jahres* gewählt.

Werdohl

In Werdohl beeindruckt bei der Ankunft mit der Bahn das 1914 erbaute neubarocke und bis 2013 von der Stadt aufwändig sanierte Empfangsgebäude des Bahnhofs☆. In ihm ein Café, welches das NRW-Streckennetz der Bahn an der Wand zeigt. Fährt man hier mit dem Zug durch, sieht man Fabriken des lokalen Bahnspezialisten Vossloh, der Werdohl zu einer wohlhabenden Stadt macht. Geht man in die Innenstadt, entdeckt man nur wenige Fachwerkhäuser. Die Stadt war in vorindustriellen Zeiten unbedeutend und erst die Entwicklung der Eisenindustrie brachte wohl einen Aufschwung. Zudem zerstörte, wie oft im Sauerland, im 19. Jahrhundert ein Stadtbrand die meisten historischen Gebäude. Durch den Zweiten Weltkrieg kam die Stadt jedoch glimpflich. Eine Büste an einem Brunnen in der Fußgängerzone erinnert daran, dass das auch der Verdienst des Ingenieurs und Managers Alfred Colsman (1873-1955) war, der sich persönlich für eine friedliche Übergabe der Stadt einsetzte.

Lünen

Als ich im Jahr 2012 die Stadt Lünen besuche, fällt mir auf, wie wenig historische Architektur es hier gibt. Akzeptable Partien an der Lippe, vereinzelte Fachwerkhäuser. Ich kam jedoch wegen einem Ufo, ein vom Designer Luigi Colani (1928-2019) umgestalteter Förderturm, der mit dem Colani-Ei einen Ufo-förmigen Aufsatz bekam. Man sollte Colani dankbar sein, denn ohne das Ufo hätte die relativ große Mittelstadt architektonisch doch sehr wenig zu bieten.

Hilchenbach

Wie in Drolshagen vernichtete im Jahre 1842 ein Groß-
brand etliche Gebäude und die danach aufgebauten Fachwerkhäuser wirken recht einheitlich. Der Marktplatz ist
recht groß und steigt zur exponiert stehenden Evangelischen
Kirche, ebenfalls aus dem 19. Jahrhundert, an. Hilchenbach
ist allein schon landschaftlich einen Tick reizvoller als
Drolshagen, die Fachwerkhäuser sind zahlreicher und
sehenswerter. Und es gibt sogar einen kleinen Personen-
bahnhof an einer verwunschenen, eingleisigen Nebenstrecke. Die Stadt ist nett, aber unspektakulär.

Breckerfeld

An einem verregneten Winterabend komme ich mit dem
Bus in der kleinen historischen Stadt Breckerfeld an und
habe gerade genug Zeit, ein bisschen durch die Straßen zu
laufen. Breckerfeld war im Mittelalter eine Hansestadt und
der historische Stadtkern mit zwei Kirchen, Fachwerk- und
Schieferhäusern ist durchaus reizvoll. Vielleicht noch ein
bisschen zu klein, um auf eine Liste der Top-Städte zu
kommen.

Lennestadt

Mit der Gebietsreform wurden im Juni 1969 43 Orte zur
nach dem Fluss Lenne benannten, großflächigen (136 km^2)
Lennestadt fusioniert. Im März 2021 komme ich mit der
Bahn im Eisenbahnerteilort Altenhundem an, einem Stadtteil mit zentralen Funktionen wie einem Rathaus. Hier ist
der Marktplatz von einer brutalistisch-modernen Architektur geprägt, die nicht schön, aber stimmig ist. Ähnlich das
Rathaus, welches jedoch regionale Schieferfassaden-
elemente aufnimmt. Die Hänge hoch stattliche Bürgerhäuser. Denn das südliche Sauerland ist strukturstark und

relativ wohlhabend, hier haben zahlreiche florierende Mittelstandsunternehmen ihren Sitz.

Der Bahnhof von Altenhundem wurde von der Stadt renoviert und zu einem Kulturforum mit Gastronomie umgebaut. Hier steht an der Fassade DE für *Das Eiscafé* und DB für *Das Bistro*. Irgendwie gefällt mir die Atmosphäre in Altenhundem und wenn ich die vielen, über das Stadtgebiet weitläufig verstreuten Sehenswürdigkeiten mal besucht habe, werde ich Lennestadt vielleicht in die Liste der Top-Orte von NRW aufnehmen.

Sundern und der vergessene Bundespräsident

Sundern ist eine sehr großflächige Stadt (193 km^2). Im Februar 2021 komme ich von Arnsberg Neheim-Hüsten mit dem Bus in der Kernstadt Sundern an und sehe in der kurzen Zeit leider weder den Sorpesee noch das Schloss Amecke. Auch in den Ortsteil Enkhausen komme ich nicht. Dort wurde am 14. Oktober 1894 der spätere Bundespräsident Heinrich Lübke geboren und es gibt mit dem Heinrich-Lübke-Haus auch ein entsprechendes Museum. Beklagt wird immer wieder die geringe Besucherzahl, es sind nur wenige hundert Personen pro Jahr. Sundern ist halt auch keine Touristenstadt und Lübke ist heute nicht mehr besonders bekannt. Die Kernstadt von Sundern selbst ist von nur mäßigem architektonischem Reiz. Es fehlen historische Kirchen und eine verwinkelte Altstadt. Fachwerkhäuser gibt es nur wenige. Allerdings fällt die hohe Zahl an Skulpturen auf. Manche verweisen auf die industrielle Geschichte der Stadt, den Bergbau und die Eisenverarbeitung.

Warstein- die Bierstadt

Die Bierstadt Warstein hat eine beeindruckende Topographie. An einem strahlendem Wintertag im Februar 2021 besuchte ich Warstein und wanderte auf den Stadtberg mit seiner Alten Kirche. Von dort ein wunderbarer Ausblick auf die Stadt und die schöne hügelige Landschaft des Arnsberger Waldes, in welche sie eingebettet ist. Geht man durch die Innenstadt, vermisst man jedoch eine historisch geschlossene, verwinkelte Altstadt. An einem Platz neben einer Kreuzung ist auf einer Tafel zu lesen, dass hier einst ein schönes stattliches Fachwerk-Ackerbürgerhaus stand. 1954 musste es jedoch der Erweiterung einer Kreuzung weichen. Das Freilichtmuseum Detmold ließ den 170 Jahre alten Hof demontieren. Zu einem Wiederaufbau kam es jedoch nicht. 2011 kam zumindest der hölzerne Torbogen nach Warstein zurück und eine Infotafel zeigt dessen Geschichte. Warstein ist eine Bierstadt und an der Warstein-Brauerei befindet sich ein entsprechendes Bronzedenkmal, welches die Bierproduktionsweise der Vergangenheit an verschiedenen Tafeln anschaulich zeigt. Auch das Reinheitsgebot ist wiedergegeben. Auf einer Tafel steht zu lesen: *AD 1516: für deutsches Bier wird ausschließlich erlaubt: Gerstenmalz, Hefe, Hopfen, Brauwasser.*

Torbogen eines abgebrochenen Hofes in Warstein

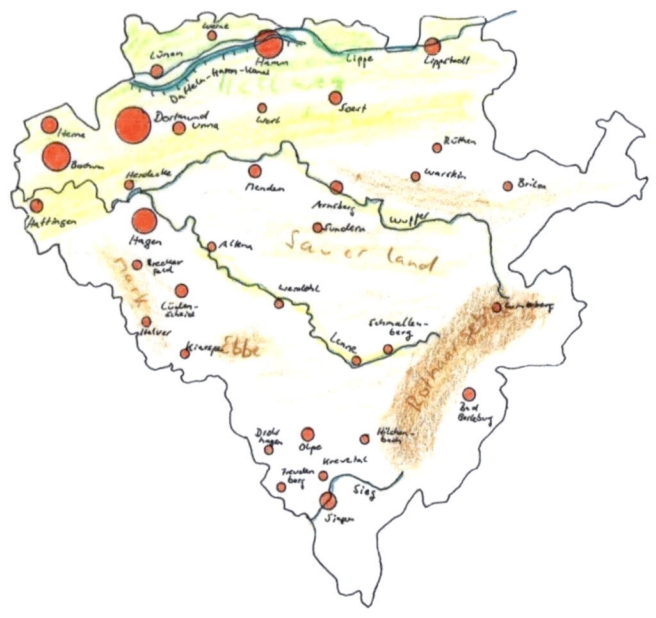

Besuchte Städte im RB Arnsberg: 64 (alle)

<u>Top 100-NRW-Städte (top 10 RB fett):</u> Soest, Dortmund, Freudenberg, Lippstadt, Arnsberg, Hattingen, Bochum, Herdecke, Siegen, Menden, Altena, Bad Berleburg, Hagen, Lüdenscheid, Olpe, Rüthen, Schmallenberg, Unna, Werne.

<u>Andere besuchte Orte:</u> Attendorn, Bad Laasphe, Balve, Bergkamen, Drolshagen, Ennepetal, Erwitte, Fröndenberg, Gevelsberg, Geseke, Hallenberg, Hamm, Hemer, Herne, Hilchenbach, Iserlohn, Kamen, Kreuztal, Lennestadt, Lünen, Marsberg, Meinerzhagen, Menden, Meschede, Netphen, Neuenrade, Olpe Olsberg, Plettenberg, Rüthen, Schwelm, Schwerte, Sprockhövel, Sundern, Unna, Warstein, Werdohl, Werl, Winterberg, Witten.

1.4 NRW- Regierungsbezirk Düsseldorf

Im Regierungsbezirk Düsseldorf gibt es 49 Städte, alle habe ich bereits besucht. Der Regierungsbezirk ist recht klein, überwiegend flach, aber dennoch vielfältig. Zu ihm gehören Teile des Ruhrgebietes, der Niederrhein und die dynamische Dienstleistungsstadt Düsseldorf. Auch das nördliche Bergische Land gehört dazu, landschaftlich schön, aber mit Altindustrie und Strukturwandelproblemen.

Das Bergische Land hat auch den originellsten Regionalstil der Region, verschieferte Dächer und Fassaden, weiße Fensterrahmen und grüne Fensterläden (der bergische Farbdreiklang schwarz-weiß-grün). Am Niederrhein sind Ziegelgebäude (Backstein) häufiger zu sehen, in alten Ortskernen auch einfache Fachwerkarchitektur mit schwarzen Balken und weißem Putz. Im Ruhrgebiet ist das Ganze von Industriearchitektur überformt. Durch Kriegszerstörungen prägt in vielen Orten 1950er und 1960er Jahre-Architektur die Innenstädte. Besonders in Düsseldorf kommen moderne Akzente dazu.

So richtig begeistert hat mich bisher noch keine Stadt im Bezirk, aber beim Medienhafen in Düsseldorf und in Remscheid-Lennep hat dazu nicht viel gefehlt. Überraschend schöne Stadtviertel gibt es auch in Wuppertal (Briller Viertel, Zooviertel) und Solingen (Gräfrath). In Duisburg ist der Innenhafen interessant, in Mülheim geht von den Innenstadt-Ruhrpartien eine gewisse Anziehungskraft aus. Bei den Kleinstädten gefiel mir Kalkar recht gut.

In zwei Städten des Bezirkes hatte ich bereits Wohnungen, in Duisburg und Wuppertal. Deshalb war ich in diesen Orten bereits mehr als 50x. Düsseldorf habe ich bisher mehr als 20x besucht. Häufig (mehr als 10x) war ich bereits in Essen, Mönchengladbach und Krefeld. Mindestens 5 x habe ich Oberhausen, Mülheim und Neuss besucht, 3 bis viermal war ich in Solingen, Remscheid und Velbert.

Die zehn Städte, welche mich am meisten beeindruckten

❖ Düsseldorf

Düsseldorf und Köln sind Rivalen. Köln liegt linksrheinisch, Düsseldorf rechtsrheinisch. In Köln ruft man im Karneval Alaaf, in Düsseldorf Helau. In Köln trinkt man Kölsch, in Düsseldorf Alt.

Die Kölner sagen: *Über Köln lacht die Sonne, über Düsseldorf die Welt.* Eigentlich sollte den Kölnern das Lachen vergehen. Düsseldorf ist viel besser organisiert, entwickelt sich schneller und ist heute wohlhabender als das verschuldete Köln. Allerdings ist die Ankunft mit der Bahn in Düsseldorf weniger schön. Es empfängt einen ein nichtssagender Platz und man muss weitere nichtssagende Straßenzüge, eine Mischung aus Wiederaufbauarchitektur und mediokrer Moderne durchqueren, bevor man zur Königsallee kommt. Diese ist dann allerdings viel nobler und repräsentativer als die Hohe Straße in Köln. Geht man weiter durch die architektonisch ebenfalls nichtssagende Altstadt zum Rhein, wird es fast noch besser. Eine beeindruckende Rheinpromenade führt einen zum architektonisch interessanten Medienhafen☆, der immer weiter ausgebaut wird. Auf der anderen Rheinseite interessante Bemühungen, Nachkriegsbauten baulich aufzuwerten.

Zurück am Hauptbahnhof fällt ein weiterer Unterscheid zu Köln auf. Hier bewegen sich die Menschen wie auf einem Laufsteg durch die Bahnhofspassage. Düsseldorf ist eben auch Modehauptstadt. In Köln hat der Menschenstrom eine geringere Geschwindigkeit und ist weniger zielgerichtet. Zu Karnevalszeiten ist jedoch in Köln mehr los.

❖ 🏭 Duisburg

Duisburg gilt seit langem als verarmte Schwerindustriestadt in der Strukturkrise. Duisburg ist jedoch immer noch die größte Stahlstadt der EU und hat den größten Binnenhafen Europas. Mit spektakulärer Architektur im Innenhafen versuchte sich die Stadt lange eher erfolglose aus der Krise zu bauen. Der Innenhafen☆ war es auch, der mich dazu brachte, Duisburg zu besuchen. Ein anderer Grund war das Lehmbruck-Museum☆. Ich hatte mal in den 90er Jahren im Hauptbahnhof von Aachen ein Plakat einer Ausstellung dieses Museums gesehen und dann den Drang verspürt, da mal hinzufahren. Als ich vor fünf Jahren nochmal das Museum besuchte, dachte ich, oh, was für eine vergammelte Stadt. Zwei Jahre später sollte ich jedoch eine Wohnung nur 150 Meter vom Lehmbruck-Museum entfernt kaufen. Plötzlich erkannte ich auch die Reize der Stadt, stellenweise etwas vergammelt, aber auch gemütlich und die Innenstadt fußläufig erkundbar. Cool ist es in Duisburg auch immer, einen Spaziergang am Innenhafen zu machen, die alten Getreidemühlen zu sehen, die die Stadt einst zum Brotkorb des Ruhrgebiets machten und Kunstmuseen im Hafen zu besuchen. Ein besonderes Highlight ist der Landschaftspark Nord☆. Besucher, mit denen ich das alte Stahlwerk nachts, wenn es bunt beleuchtet ist, besuchte, meinten immer, das wäre eine ganz besondere Sehenswürdigkeit. Skurril ist es auch, auf dem Alsumer Berg mit Blick auf eine intensive Industrielandschaft ein Gipfelkreuz zu sehen. Berührend wiederum das private Loveparade-Mahnmal im Straßentunnel unter den Bahngleisen. Duisburg, eine Stadt, an die man sich gewöhnen muss, die aber einige besondere Sehenswürdigkeiten zu bieten hat.

❖ Mülheim/Ruhr

Als ich 2016 das Kunstmuseum Mülheim/Ruhr besuche kommt mir die Stadt vergammelt und unattraktiv vor. Ein Jahr später mache ich eine Radtour von Duisburg nach Mülheim und plötzlich flasht mich die Stadt ein bisschen. Man kommt an den Resten von Schloss Broich vorbei, kann am Stadthafen Mülheim gemütlich mit Blick auf die Ruhr essen und man findet sogar eine kleine Altstadt mit Fachwerkhäusern vor. Plötzlich wirkt Mülheim sogar fast anheimelnd. Kein Wunder ist es ein bevorzugter Wohnstandort im Ruhrgebiet. Auch Helge Schneider und die ehemalige Ministerpräsidentin Kraft wohnen hier.

❖ 🏭 Essen

Der erste Eindruck von Essen ist nicht so toll: Der Kabarettist Hagen Rether meinte, *Wenn so Essen aussieht, wie sieht dann Kotzen aus*. Der Bahnhof macht architektonisch wenig her, die Bahnsteige wirken vernachlässigt. Geht man Richtung Norden in die Fußgängerzone, findet man dort die üblichen Ketten, ohne viel Atmosphäre (allerdings gibt es hier das größte deutsche Kino, die Lichtburg). Geht man Richtung Süden, muss man erst eine Straßenschneise überqueren und ein Hochhausviertel durchschreiten. Bald jedoch kommt man an den Stadtgarten mit dem Aalto-Theater und der Philharmonie. Das Folkwang-Museum☆ ist von dort auch nicht weit. Weiter im Süden, an der Ruhr, in Stadtteilen wie Kettwig und Werden wird es teilweise richtig idyllisch. Wolfgang Clement sagte zur 1200 Jahr-Feier von Werden einst: *Werden war schon geworden, als Essen noch im Werden war*. Im armen Norden Essens warten wiederum Sehenswürdigkeiten wie die Zeche Zollverein, die zum UNESCO-Weltkulturerbe gehört. An die einstige Stahlstadt erinnert der Spruch: *Was Krupp in Essen ist, bin ich im Trinken*.

❖ Wuppertal

Der erste Eindruck, den man von Wuppertal bekam, wenn man mit dem Zug anreiste, war lange nicht so gut. Das neoklassische Empfangsgebäude des Wuppertaler Hauptbahnhofs wurde durch einen Drogeriemarkt verschandelt.

Vom Bahnhof musste man durch einen gammeligen Verbindungsgang, der wegen seines Geruchs auch *Harnröhre* genannt wurde, zur ebenfalls nicht so repräsentativen Fußgängerzone laufen. Mittlerweile ist das durch den Umbau des Döppersbergs viel besser geworden. Das Bahnhofsgebäude kommt jetzt besser zur Geltung, der Verbindungsweg ist oberirdisch und es sind ordentliche Plätze entstanden, auf einer unteren und einer oberen Ebene.

Dennoch, Wuppertal ist eine eher arme Stadt (*in Barmen wohnen die Armen, doch in Elberfeld, da ham's se auch kein Geld* sagt man) mit sozialen Problemen und oft schlechtem Wetter (*in Wuppertal werden die Kinder mit einem Regenschirm geboren*). Andererseits war es einmal eine reiche Textilindustriestadt und entsprechende Villenviertel am Hang sind noch zu besichtigen, wie das Briller Viertel☆ oder das Zooviertel. So schöne Wohnlagen gibt es in den Städten der Rheinebene kaum. Als ich im Januar 2021 nochmal durch dieses Viertel laufe, bin ich beeindruckt, von den Gebäuden in der Bismarck-, Viktoria- und Roonstraße. Aber auch andere Stadtviertel erstaunen durch ihre lässige Lebensqualität, so das szenische Luisenviertel oder die Elberfelder Nordstadt. In der Nordstadt die originelle Utopiastadt um den Mirker Bahnhof☆, an welchem auch die Nordbahntrasse, heute Rad- und Fußweg, entlangläuft. Mit dem Fahrrad kann man hier durch ehemalige Eisenbahntunnel radeln. Vom schönen Elberfelder Hauptbahnhof☆ mit seiner klassischen Architektur zieht sich fast eine Perlenkette interessanter Bauten den Johannisberg hoch, bis zur so genannten Schwimmoper. Je besser man Wuppertal kennt, desto mehr erschließen sich einem die speziellen Reize der Stadt. Und dann gibt es natürlich noch mit der Schwebebahn ein Verkehrsmittel, welches keine andere Stadt so vorzuweisen hat. Allerdings gab es früher mehr Vielfalt: eine Straßenbahn, eine Bergbahn und diverse Eisenbahnstrecken.

❖ Kempen

Für niederrheinische Verhältnisse ist Kempen eine recht ansehnliche kleine Mittelstadt, mit lebendigem Einzelhandel. Sogar intakte Fachwerkhäuserzeilen gibt es, zum Beispiel die Schulstraße. Vielleicht ist die attraktive Innenstadt und zudem die Nähe zu Krefeld, wo eine verwinkelte historische Altstadt fehlt, der Grund, weshalb Kempen als Wohnstandort floriert und in seinen Qualitäten laufend weiter verbessert wird. Die Immobilienpreise sind bereits höher als in Krefeld. Im Jahr 2014 wurde hier die in klassischer Architektursprache ausgeführte gehobene Innenstadtwohnanlage Klosterhof eröffnet. Im Jahre 2019 feierte auch Kempen das Bauhausjahr, denn hier verwirklichte der örtliche Bauhausarchitekt Hans Topoll (1892-1957) zehn Bauten, darunter 1931 das Haus Dowe☆, die einzige Villa im Grüngürtel um die Altstadt, die stehen geblieben ist. Ansonsten trägt dieser Grüngürtel, zusammen mit Resten der Stadtmauer und verschiedenen historischen Toren, zur Erlebbarkeit und Lebensqualität der Altstadt bei. Die Altstadt selbst ist zwar in ihrer architektonischen Substanz nicht historisch geschlossen, aber lebendig, mit etlichen gemütlichen Kneipenstraßen. Die gotische Kirche St. Mariä Geburt steht mitten im Zentrum, um sie herum dennoch beschauliche, ruhige Plätze. An der Kirche das Denkmal von Thomas von Kempen (1380-1471), dem wichtigsten Sohn der Stadt und Autor von Nachfolge Christi (1441), manchmal als erfolgreichstes christliches Buch nach der Bibel bezeichnet. Im Juni 2021, bei strahlendem Sommerwetter, beeindruckt mich das und die gesamte Innenstadt. Als ich zum Bahnhof gehe finde ich auch diesen angenehm renoviert vor. Das Empfangsgebäude fungiert heute als Kulturbahnhof, sogar Lichtspiele finden sich darin und hinter dem Bahnhof solide neue urbane Wohngebiete zusammen mit gewerblichen Backsteinbauten. Kempen gefällt mir bei diesem Besuch richtig gut.

Kempens behagliche Altstadt

❖ Velbert

Velbert hat zwei sehenswerte Stadtteile. Langenberg ist eine Bücherstadt mit vielen kleinen Antiquariaten in einer über einem Fluss gelegenen Altstadt voller Fachwerk- und Schieferhäuser. Im Stadtteil Neviges sticht der brutalistische Mariendom☆ von Gottfried Böhm (1920-2021), der sich gerade in Sanierung befindet, heraus. Ein Journalist hat einmal im Internet einen Artikel dazu publiziert und prompt hat das Rechtschreibkorrekturprogramm daraus *Nerviges* gemacht und ich hinterlasse einen Kommentar, nein, der Stadtteil heißt Neviges.

❖ Xanten

Im Zweiten Weltkrieg sehr stark zerstört wurde auch Xanten. Doch die Bürger waren der langen Geschichte der Stadt gewahr und bauten vieles wieder im alten Stil auf. 1977 kam dazu noch der Archäologische Park Xanten☆, der Wiederaufbau einer Römischen Colonia, mit Amphitheater und rekonstruiertem Hafentempel. Im Jahr 2011 besuchte ich Xanten und es war etwas seltsam, wiederaufgebaute römische Ruinen zu sehen.

❖ ⊛Kalkar

Kalkar ist eindeutig eine der schönsten Kleinstädte des Niederrheins. Der Marktplatz☆ mit dem Backsteinrathaus ist für niederrheinische Verhältnisse erstaunlich lieblich und intakt. Etliche schöne backsteinsichtige Treppengiebelhäuser aus dem Mittelalter gibt es. Man fühlt sich fast an eine norddeutsche Hansestadt erinnert. Der Name Kalkar wird jedoch nicht mit Idylle assoziiert. Hier gab es in den 1970er Jahren Pläne, einen Schnellen Brüter zu errichten. 1985 wurde der Schnelle Brüter fertig gestellt, doch ein Jahr später geschah der Reaktorunfall in Tschernobyl und eine neue Landesregierung übernahm die Amtsgeschäfte.

Schließlich stieg das Land nach Ausgaben von fast 4 Milliarden Euro aus dem Projekt aus. Die Gebäude wurden an einen Freizeitparkbetreiber verkauft und heute befindet sich darin ein seltsamer Freizeitpark, inklusive Kettenkarussell in einem ehemaligen Reaktorkühlturm.

❖✾ Remscheid (-Lennep)

Die in den rauen Höhen des Bergischen Landes gelegene Werkzeugstadt Remscheid wurde im Krieg stark zerstört. Außer dem Rathaus hat die Innenstadt wenig Sehenswürdigkeiten zu bieten. Einen völlig anderen Charakter hat jedoch der Ortsteil Lennep☆. Nirgends ist Bergische Architektur so großflächig und geschlossen erhalten, mit dem Bergischen Dreiklang von Schwarz (hier Schieferfassaden), Weiß (Fensterrahmen, bei Fachwerkhäusern auch Gefachung) Grün (Fensterläden). Fast puppenstubenhaft. Und ein Conrad-Röntgen-Museum gibt es hier auch.

❖ Krefeld

Krefeld ist eine eher unscheinbare Industriestadt (früher Textil, heute Chemie), die außerhalb von Nordrhein-Westfalen kaum bekannt ist. Fast wundere ich mich, dass ich hier schon zehnmal war. Die Stadt hat weder bedeutende Kirchen oder Schlösser, noch gibt es eine historische Altstadt. Einige Sehenswürdigkeiten gibt es aber doch.

Zum einen kommt man hier an einem in seiner Kubatur schönen Hauptbahnhof☆ an. Innen fehlt es leider an attraktiven Geschäften. Das zweite, was ich mir in der Stadt anschaue, ist die Burg Linn. Der Stadtteil Linn ist auf der Liste der historischen Stadt- und Ortskerne in NRW, welche ich in den Jahren 2013-15 systematisch abklappere. Ein weiteres Mal bin ich in der Stadt, um den Flagship-Store der Firma *Remember* zu besuchen, den es heute aber nicht mehr gibt. Dann gibt es noch das nach einer Renovierung im Jahre 2016 in neuer Frische eröffnete Kaiser-Wilhelm Museum☆ mit seiner historistischen Architektur. Hier gibt es auch einen Joseph-Beuys-Raum. Beuys (1921-1986) wurde in Krefeld geboren, aber leider gibt es in der Stadt kein Beuys-Museum. Schließlich gib es noch die von Mies van der Rohe entworfenen Häuser Esters und Lange☆, heute Kunstmuseen, weswegen ich einmal extra anreise. Das einzige Industriegebäude von Mies steht ebenfalls in Krefeld, im Mies van der Rohe Business Park☆. Als ich in den Jahren 2017-2019 deutsche Opernhäuser sammle, komme ich wieder nach Krefeld. Hier finde ich ein 1960er Jahre-Theatergebäude☆ vor, welches mir in seiner Originalität ausnehmend gut gefällt. Ich sehe hier die gut gespielte Komödie `Otello darf nicht platzen'. Anfang 2020 beginne ich, Jazzlokale zu sammeln. Und schon wieder komme ich nach Krefeld, denn dort gibt es den überregional bekannten *Jazzkeller*, eine sehr entspannte Location.

Ganz schön oft also in einer Stadt, die als graue Maus gilt und von der keine Bilder im überregionalen Gedächtnis vorhanden sind.

Mies-Textilfabrik im Mies van der Rohe Business Park

❖ **Neuss**

Der erste Eindruck von Neuss ist für einen Bahnfahrer enttäuschend, denn es gibt nicht mal ein richtiges Bahn-hofsgebäude. Auf dem Weg zur Innenstadt geht es dann an vielen migrantisch geprägten Billigläden vorbei. Neuss hat dann jedoch eine kleinteilige, gut erhaltene historische

Innenstadt mit etlichen Stadttoren und dem sehenswerten Quirinus-Münster✰. Im Hafen Neuss lassen sich zaghafte Bemühungen einer Aufwertung durch eine kleine Waterfront erkennen. In der alten Römerstadt Neuss gibt es dann zudem bedeutende Kunstmuseen, wie das Clemens-Sels Museum, welches auch römische Funde zeigt und die Stiftung Insel Hombroich. Mit der *Langen Foundation*✰ und der reizvoll zwischen Hügeln und Gewässern eingebetteten Museumslandschaft Insel Hombroich✰ bietet dieses Areal eines der besten Kunsterlebnisse in ganz Westdeutschland. Hinter dem Hauptbahnhof von Neuss eine riesige Brachfläche. Hier wurde die Schraubenfabrik Bauer&Schaurte (Erfinder des Inbus-Schlüssels) abgerissen, ein neues Stadtviertel (Inbus-Viertel) soll hier entstehen.

❖ **Kleve**

Als ich im Jahre 2005 eine Ausstellung im Kurhaus Kleve besuche und noch die Altstadt mit der Schwanenburg besichtige, kommt mir die Stadt auffrischungsbedürftig und nicht besonders attraktiv vor. Als ich im Sommer 2021 wiederkomme gefällt mir die Stadt schon wesentlich besser. Am Spoykanal, der Verbindung Kleve-Rhein, wurden seit 2009 ansehnliche Gebäude einer Fachhochschule angelegt, die Stadt bekam so eine kleine Waterfront✰, welche durch die vielen internationalen Studenten auch belebt ist. Die Sichtachse nach Süden läuft direkt auf die über der Stadt thronenden Schwanenburg✰ zu, was ihr besonderen Reiz verleiht. Auch in der Innenstadt kommt der Spoykanal zur Geltung mit Promenaden, Sitzgelegenheiten und Bootsverleih. Die Fußgängerzone an einem Samstag recht belebt. Diesmal gefällt mir Kleve so gut, dass ich die Stadt in die Top 100 von NRW aufnehme.

Spoykanal mit Hochschule Rhein-Waal und Schwanenburg

❖ Solingen

Etliche berühmte Leute kommen aus dem bergischen Städtedreieck, häufig aus Wuppertal, oft aber auch aus Solingen. In Solingen geboren sind unter anderem Walter Scheel, Pina Bausch, Veronica Ferres und der im Silicon Valley tätige Sebastian Thrun. Die Kernstadt Solingen ist von wenig atmosphärischer Wiederaufbauarchitektur geprägt. Bergisch gemütlich wird es dagegen im Ortskern von Solingen-Grafrath☆, mit den alten Häusern im bergischen

Farbdreiklang (schwarzer Schiefer, weiße Fensterrahmen, Grüne Fensterläden). Ein Highlight in Solingen ist auch die Müngstener Brücke und der dazu gehörende Brückenpark.

❖ 🏭 Oberhausen

Ich war schon öfters in Oberhausen, aber noch nie in der Innenstadt. Diese soll in ihrer Einzelhandelszentralität durch das riesige auf einem ehemaligen Hüttengelände errichtete Einkaufszentrum Centro (`Superhausen´) stark geschwächt worden sein. Der erste Eindruck von Oberhausen ist für einen Bahnreisenden gar nicht so schlecht, denn es gibt einen schönen 1920er-Jahre Backsteinbahnhof☆. Bisher habe ich immer die Straßenbahn Richtung Centro genommen. Mehrmals, um Kunstausstellungen im Gasometer zu sehen, darunter eine Ölfassinstallation von Christo. Unweit davon kann ein Kunstmuseum besucht werden. Den Zustand des Oberhausener Zentrums konnte ich bisher nur teilweise in Augenschein nehmen. Nur bis zum Friedensplatz☆ bin ich gekommen. Dieser wirkt durch die 1920er Jahre Backsteinarchitektur überraschend interessant.

Oberhausen Hbf

❖ Moers

Moers ist eventuell die unbekannteste deutsche Stadt mit über 100 000 Einwohnern. Das war einmal die Großstadtschwelle, aber heute wird eher bei Städten ab 500 000 Einwohner von Großstadt gesprochen. Moers liegt nahe Duisburg und hat einfach keine herausragenden Sehenswürdigkeiten. Beim Namen der Stadt muss ich immer an der Schriftsteller Walter Moers denken, der jedoch in Mönchengladbach geboren wurde. Als ich im Jahre 2011 Moers besuche, empfinde ich die Stadt durchaus als akzeptabel und fast behaglich. Verschiedene Plätze bleiben vage in Erinnerung, jedoch keine Sehenswürdigkeiten.

❖ Monheim

Erst als ich feststelle, dass die Familie eines Bekannten aus Monheim am Rhein stammt, wird mir klar, dass ich in dieser Stadt noch nie war, obwohl sie recht zentral zwischen Köln und Düsseldorf liegt. Grund für mich ist die fehlende Bahnerreichbarkeit, Dabei heißt die Nahverkehrsgesellschaft der Stadt *Bahnen der Stadt Monheim*. Im Sommer 2020 hole ich endlich, von Düsseldorf Benrath mit dem Taxi kommend, einen Besuch nach. In der Innenstadt einige schöne Fachwerkgebäude. An einer Kirche bewegende Informationen zum Priester und Widerstandskämpfer Franz Boehm (1880-1945) der sich mutig gegen den Nationalsozialismus gestellt hatte und im Februar 1945 im KZ Dachau an einer Krankheit starb. Monheim ist bei anderen Kommunen in NRW nicht sehr beliebt, denn es hat die niedrigsten Gewerbesteuerhebesätze und zieht auf Kosten anderer Orte steuerzahlende Betriebe an, was der Stadt zu Steuerüberschüssen verhilft, während gleichzeitig andere Städte erhebliche Haushaltsprobleme haben. Im Jahr 2021 schien die Stadt sich jedoch ein bisschen verspekuliert zu haben, denn viel Geld war bei der britisch-australischen

Greensill-Bank angelegt, die Pleite ging. In der Zonser Erklärung sprechen sich andere Gemeinden gegen dieses Steuerdumping aus. Da der Bahnanschluss fehlt, nehme ich im Juli 2020 in Monheim die Rheinfähre, um ans andere Ufer, nach Dormagen, zu gelangen, wo es jedoch ein sehr langer Fußmarsch zum Bahnhof ist.

❖ ✹ Rheinberg

Als ich im November 2020 in Rheinberg ankomme, ist es schon dunkel. Ich gehe um den Marktplatz herum und der scheint architektonisch geschlossen und recht ansehnlich zu sein. Die Innenstadt ist zudem von einem Wall umgeben. Der Stadtkern von Rheinberg liegt trotz des Namens nicht direkt am Rhein, da der Lauf des Rheines sich veränderte. Die Stadt ist über 1000 Jahre alt, war zwischen Holländern und Spaniern umkämpft, überstand den zweiten Weltkrieg aber unversehrt, deshalb das intakte historische Stadtbild.

❖ Ratingen

Ratingen ist eine solide und wohlhabende große Mittelstadt zwischen Düsseldorf und dem Ruhrgebiet und mit Düsseldorf durch eine Straßenbahnlinie verbunden. Ein bisschen sticht die frühgotische Kirche St. Peter und Paul aus der unspektakulären Architekturlandschaft heraus. Fachwerkhäuser gibt es eher wenige. Mit dem aus dem 15. Jahrhundert stammenden Roten Hahn ist allerdings ein sehenswertes darunter.

❖ ✹ Straelen

Straelen ist eine linksrheinische Kleinstadt mit behutsam sanierten behaglichen Stadtkern. Als ich sie im November 2020 zum ersten Mal besuche, gefällt mir der zentrale gepflasterte Stadtplatz recht gut. Die Backsteinarchitektur der Stadt scheint aus einem Guss zu sein, einschließlich

modernerer Gebäude. Straelen hat den Beinamen Blumen-
stadt, die Niederlande sind auch nicht weit (im Westen
grenzt die Stadt direkt an die Niederlande) und Straelen hat
beim Wettbewerb `Unsere Stadt blüht auf` schon einmal
eine Goldmedaille gewonnen. In Straelen hat das Europä-
ische Übersetzer Kollegium (EÜK) seinen Sitz.

Andere Städte

Mönchengladbach

Mönchengladbach ist bundesweit wegen seines Fußball-
vereins bekannt. Die meisten Deutschen können der Stadt
jedoch weder ein Wahrzeichen noch ein typisches Stadtbild
zuordnen. Einst wegen seiner Textilindustrie *Rheinisches
Manchester* genannt, ist Mönchengladbach heute eine eher
unscheinbare, industriell geprägte Stadt. Der erste Eindruck,
wenn man aus dem Bahnhof kommt, welcher immerhin
eine Bahnhofshalle und eine historische Sandsteinfassade
hat, ist nicht besonders gut. Man steht an einem riesigen
Busbahnhof, dessen unruhige Dachlandschaft unharmoni-
sch wirkt. Auf der anderen Platzseite ein unmaßstäblicher
Riegel eines riesigen düsteren Bürogebäudes. Geht man die
Hindenburgstraße Richtung Altstadt, kommt man durch
gesichtslose 1950er und 60er-Jahre Wiederaufbauarchitektur. Weiter oben in der Einkaufsstraße wurde ein Einkaufszentrum, jetzt Minto genannt, so umgebaut, dass zumindest die Fassade interessant wirkt. Die Altstadt
wiederum ist nicht besonders sehenswert. Immerhin findet
man auf dem Abteiberg ein vom österreichischen Star-
architekten Hollein entworfenes Kunstmuseum☆ und man
bemerkt Versuche, diesen zentralen Hügel attraktiver zu
gestalten. Geht man Richtung Norden, kommt man zum
Bunten Garten, ein gehobenes Wohngebiet, wo viele Fuß-
baller wohnen. Bei meinem vorletzten Besuch erkundigte

ich den gründerzeitlichen Stadtteil Eicken, an dessen nördlichem Ende sich das legendäre Bökelbergstadion befand. Ein neues Stadion wurde gebaut und der Bökelberg wurde zu einem gehobenen Wohngebiet entwickelt. Die Rasenflächen sind zum großen Teil überbaut worden, die Tribünen aber zur Hälfte noch sichtbar und das alte Stadion dadurch noch erlebbar. In klein wurde die Anlage am Rande als Denkmal☆ sogar nachgebaut. Das alles ist für jeden Fußball- und besonders Gladbach-Fan interessant und bewegend. In der Fußgängerzone von Eicken ein Betonfußball, der die Meisterschaften von Borussia in den 1970ern zeigt. Zusätzlich ein Denkmal für die drei wichtigsten Spieler der Glanzzeit der 70er Jahre: Günter Netzer, Berti Vogts, und Hacki Wimmer.

Ehem. Bökelbergstadion

Der Stadtteil Rheydt wiederum, lange eine eigene Stadt und mit eigenem Hauptbahnhof, ist sogar noch ein Tick weniger attraktiv als die Kernstadt. Andererseits gibt es in Rheydt gleich zwei Schlösser, beide von Wassergräben umgeben: das eher einfache Schloss Wickrath und das interessantere und atmosphärische Renaissanceschloss Rheydt☆.

Schloss Rheydt

Am Bahnhof von Mönchengladbach soll in den nächsten Jahren ein neues Wohngebiet um einen künstlichen See (Gladsee) entstehen. Das könnte die Stadt aufwerten, aber bisher ist von Baumaßnahmen noch nicht viel zu sehen. Trotz der Schlösser und der Fußballattraktionen in Eicken reicht es für mich noch nicht ganz, die Stadt in die Top 100 von NRW aufzunehmen.

Rees

Im Zweiten Weltkrieg wurde Rees, wie viele andere Städte am Niederrhein, durch Luftangriffe sehr stark zerstört. Von der Altstadt blieb fast nichts übrig. Im September 2017 besuche ich die Stadt an einem strahlend sonnigen Tag und bin vom Rheinufer mit der Stadtmauer und dem Blick auf den mächtigen Strom mit seinen Binnenschiffen recht beeindruckt. `Wow´ entfährt es spontan einer Begleiterin. Ich sehe mir dann auch noch die örtliche Freiluft-Skulpturensammlung an und bin zufrieden.

Rheinpromenade in Rees

Wesel

Wesel, einst eine bedeutende Handels- und Hansestadt, wurde im Zweiten Weltkrieg durch ein Flächenbombardement zu 97% und damit fast völlig zerstört. Heute fehlt es deshalb an historischer Architektur. Geht man vom Bahnhof Richtung Altstadt, fällt das historische Berliner Tor, ein ehemaliges Stadttor, fast schon auf. Im Jahre 2011 wurde der lange recht atmosphärelose Weseler Marktplatz ein bisschen aufgewertet. Eine Bürgerstiftung hatte Geld gesammelt und die Fassade des spätgotischen Rathauses wiederaufbauen lassen, welche modernen Bestandsbauten vorgeblendet wurde. Im Oktober 2020 bin ich in der Stadt, um mir die wiederaufgebaute Fassade des ehemaligen gotischen Rathauses anzuschauen. Leider ist die Fassade eingerüstet, also ist wenig zu sehen. Ich gehe durch die Fußgängerzone Richtung Bahnhof und sehe die Namen etlicher nordeuropäischer Städte im Boden eingelassen. Irgendwann komme ich drauf, dass es sich um eine Liste der Hansestädte handelt. Eine gute Idee und erinnert daran, dass auch Wesel zu den Hansestädten gehörte. Dazu hat sicher einst die gute Verkehrslage am Rhein beigetragen. Der Flusslauf des Rheins änderte sich jedoch später und heute ist die Stadt durch Industriegebiete vom Fluss abgeschnitten, eine Promenade gibt es leider nicht. Der Echospruch `*Wie heißt der Bürgermeister von Wesel? Esel'* wurde früher von Schiffern an der Loreley aufgesagt. Mittlerweile ist der Esel, im Namen der Stadt enthalten, Symboltier von Wesel.

Berliner Tor in Wesel

93

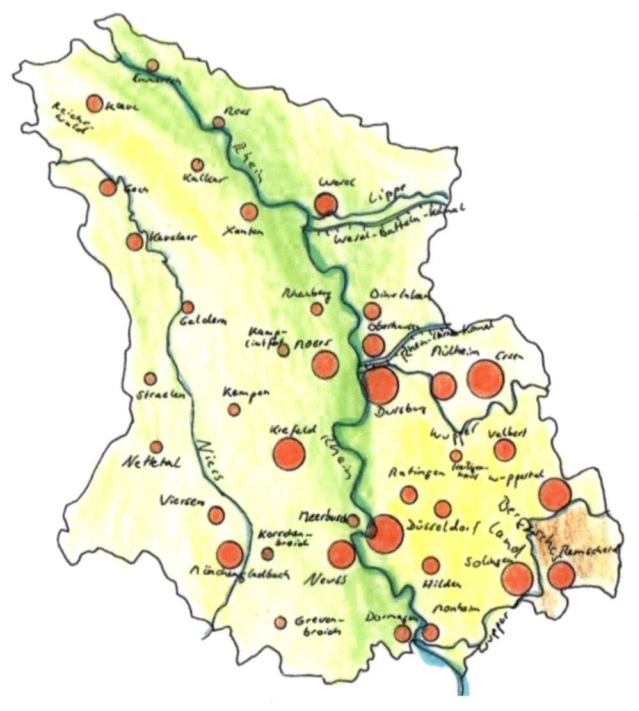

Besuchte Städte RB Düsseldorf: 49 (alle)

Top 100-NRW-Städte (Top 10 fett): Düsseldorf, Duisburg, Mülheim, Essen, Kempen, Kalkar, Remscheid (Lennep), Velbert, Xanten, Krefeld, Oberhausen, Solingen, Ratingen, Straelen, Rheinberg, Moers, Neuss, Monheim.

<u>**Andere besuchte Orte:**</u> Dinslaken, Dormagen, Emmerich, Erkrath, Geldern, Goch, Grevenbroich, Haan, Heiligenhaus, Hilden, Jüchen, Kaarst, Kamp-Lintfort, Kempen, Korschenbroich, Meerbusch, Mettmann Mönchengladbach, Nettetal, Ratingen, Remscheid, Tönisvorst, Velbert, Viersen, Wesel, Willich, Wülfrath.

1.5 Regierungsbezirk Köln

Im Regierungsbezirk Köln habe ich bereits alle 62 Städte besucht. Der Regierungsbezirk ist flächenmäßig eher klein, doch gibt es von der Eifel, zur Börde zum Rheintal und zu den Höhenzügen des Bergischen Landes ganz unterschiedliche Landschafstypen, die sich auch auf das Gepräge der Städte auswirken. Metropole des Regierungsbezirkes ist ganz eindeutig Köln. Mit Aachen und Bonn gibt es jedoch zwei weitere historisch bedeutende Großstädte. Der Bezirk hat allerdings keine besonders hohe Dichte an sehenswerten Kleinstädten. Im Bannkreis von Metropolen gibt es hier viel Zersiedelung, Industrie und gesichtslose Ortsbilder. Oft fehlt auch ein Regionalstil, an dem man architektonisch anknüpfen könnte. Besonders in der Eifel verstecken sich jedoch einige sehenswerte kleinere Orte, wie etwa Monschau, oder auch Nideggen. Im Norden des Bezirkes sind Wassenberg und Heinsberg attraktive Klein- und Mittelstädte, im Bergischen Land Bergneustadt, Wermelskirchen und Radevormwald. Auch die rechtsrheinischen Vororte Bonns wie Königswinter und Bad Honnef sind attraktiv.
Zu den Orten im Regierungsbezirk, welche mich bereits spontan beeindruckt haben, gehören Monschau, die Bonner Südstadt und Köln, wenn man von der Rheinseilbahn auf die Stadt blickt.
Die Stadt im Regierungsbezirk, welche ich am häufigsten besucht habe ist Köln. Hier bin ich schon fast 1000mal mit dem Zug angekommen oder umgestiegen. Fast 100 x war ich bereits in Aachen, mindestens 50x in Bonn, mindestens 20x in Siegburg. 5x und häufiger war ich bereist in Brühl, Düren, Kerpen, Leverkusen, Bad Honnef und Wesseling. Mindestens 3 x in Herzogenrath, Euskirchen, Bergisch Gladbach und Königswinter.

Die 10 Städte, welche mich am meisten beeindruckten

❖ Köln

Der Dom☆ ragt in Köln so sehr als architektonische Sehenswürdigkeit heraus, wie kaum eine Kirche in einer anderen deutschen Stadt. Man fragt sich, ob Köln ohne Dom überhaupt eine sehenswerte Stadt wäre. Wenn man sich auch noch den Rhein wegdenkt, dann bliebe nicht viel. Leider ist Köln schlecht organisiert und holt aus seinem Potential nicht das optimale raus. Vielleicht auch gerade wegen des Doms. Gäbe es den nicht, müsste sich Köln viel mehr anstrengen, um auf die Architekturlandkarte zu kommen (so wie es bei Düsseldorf der Fall ist). Die Nord-Süd-Stadtbahn ist nach dem Archiveinsturz um Jahre verspätet, die Opernhaussanierung ist zum BER Kölns geworden, das Stadtmuseum ist wegen eines Wasserschadens geschlossen. Die Erweiterung des Wallraf-Richartz-Museums, nicht klar, wann die kommt. Andererseits: keine andere Stadt empfängt einen so zentral, wenn man aus dem Hauptbahnhof tritt. Und alles ist so dicht beisammen, der Dom, die Fußgängerzone, das Ludwig-Museum, der Rhein. Überquert man den Rhein mit der Seilbahn und sieht das Stadtpanorama und geht dann durch den Rheinpark zur Hohenzollernbrücke mit ihren tausenden Liebesschlössern wird man fast zum Köln-Fan.

❖ Bonn

Was den Bonner Bahnhof betrifft, sagten Spötter einst: `Kommst du nach Bonn, suche nicht den Hauptbahnhof, er ist es´. Denn der Bahnhof hat relativ wenig Gleise. Kam man aus dem Bahnhof, hatte man erstmal das Bonner Loch vor sich, eine leicht angegammelte Treppenanlage, die zur U-Bahnebene führte. Andererseits war man vom Bahnhof zu Fuß überraschend schnell in der Fußgängerzone. Das

Bonner Loch ist mittlerweile überbaut worden, Einkaufsklötze sind noch dichter an den Bahnhof gerückt. Kommt man jetzt raus, ist man schon unmittelbar in der Fußgängerzone. Altstadt und Münster sind sehenswert, aber Bonn wirkt auf den ersten Blick dennoch nicht beeindruckend und es ist auch keine pulsierende Metropole, eher herrscht Kurstadtatmosphäre vor. Bonn ist jedoch überraschend vielfältig, mit ganz unterschiedlichen Stadtvierteln. Während es im Norden eher einfach zugeht, verblüfft die Eleganz der Stadthäuser in der Südstadt. Wo in Deutschland sieht man schon ein so geschlossenes und schönes Gründerzeitviertel. Ich kam einmal aus dem Staunen kaum raus, als ich dort durch die Straßen lief. Großartig ist auch die landschaftliche Einbettung, wie ein Blick von der Kennedybrücke deutlich macht. Südlich der Stadt die markanten Höhenzüge des Siebengebirges. Am Bonner Bogen in Rahmersdorf wird die schöne Lage der Stadt an den Bögen des Rheins und vor dem Mittelgebirge besonders augenscheinlich. Ich hatte mal eine Wohnung in Bonn und das ist eine Stadt, an die ich immer gerne zurückdenke.

❖ **Aachen**

Bei Aachen geht es mir fast wie bei Köln. Ich denke, was wäre die Stadt, wenn es den Dom nicht gäbe. Beide Gebäude sind Teil der UNESCO-Liste des Weltkulturerbes. Immerhin gibt es noch das gotische Rathaus, aber ohne Dom und Rathaus hätte Aachen erstaunlich wenig historische Bausubstanz vorzuweisen, obwohl die Stadt bereits von den Römern gegründet wurde und die Hauptpfalz Karls des Großen war. Auch wenn es starke Kriegszerstörungen gegeben hat, wundert einen doch, dass nicht mehr an historischer Architektur übriggeblieben ist. Obwohl es eine Bäderstadt ist und der Stadtname sich von Wasser ableitet, gibt es zudem nicht mal einen richtigen Fluss in der Stadt. Aachen hat zumindest das Privileg, alphabetisch ganz am

Anfang der deutschen Städte zu stehen, Deshalb nennt es sich auch nicht Bad Aachen. In Aachen hatte ich mal eine Wohnung und deshalb werde ich immer eine besondere Beziehung zu dieser Stadt haben. Im Herbst 2020 kam ich mehrmals nach Aachen und was mich besonders beeindruckt hat, war der herbstbunte Lousberg und von wie weit oben man von dort auf die Stadt herabblicken kann. Oben überraschenderweise ein kleiner Eibenwald.

❖ Monschau

Einmal komme ich von Eupen mit dem Bus in Monschau an und bin dann ganz entzückt über die Atmosphäre der pittoresken Monschauer Altstadt. Im Dezember 2015 war ich hier wieder. Die Stadt ist voll im Weihnachtsmodus. Überall wird man von Weihnachtsmusik beschallt, einen Weihnachtsmarkt gibt es, überall blinken weihnachtliche Lichter. Fast fällt einem der Begriff Weihnachtsporno ein.
☞Interessanterweise hieß die Stadt früher Montjoie. Aber in den aufgewühlten Zeiten des Ersten Weltkriegs klang das zu Französisch, so dass man sie 1918 umbenannte.

❖ Brühl

Brühl ist eine überraschend attraktive Mittelstadt, gelegen zwischen Köln und Bonn. Wenn man mit dem Zug ankommt, erwarten einen in Bahnhofsnähe gleich zwei Highlights. Zum einen das Museum für den in Brühl geborenen surrealistischen Künstler Max Ernst. Zum anderen das auf der UNESCO-Welterbeliste verzeichnete Schloss Augustusburg mit seinen Gartenanlagen. Man kann die Innenstadt durch die Schlossanlagen erreichen. Brühl hat durch diese Gegebenheiten bei mir schon mal einen Bonus. Mit dem Vergnügungspark Phantasialand gibt es eine weitere Sehenswürdigkeit, die ich jedoch noch nie besichtigt habe.

❖ Bad Münstereifel

Der Volksmusiksänger Heino hatte früher an seinem Wohnort Bad Münstereifel, einer attraktiven Kleinstadt am Rande der Eifel, ein eigenes Café. Einmal um das Jahr 2000 bin ich dort mit einer rumänischen Freundin und Heino ist tatsächlich da und lässt sich fotografieren, den Arm um die Freundin gelegt. Später gab es Heino im Café als pneumatisch Puppe, die mit Münzen bedient werden konnte. Schließlich schloss das Café ganz.

❖ Bergisch Gladbach

Als ich in den späten 1980er Jahren als Student nach Bergisch Gladbach fahre, um das Bundesamt für Straßenwesen zu besuchen, kommt mir die Stadt recht unwirtlich vor. Später erfahre ich, dass es auch *Schäbbisch Gläbbisch* heißt, also schäbiges Gladbach. Allgemein fällt mir auf, dass die Städte im Rheinland weniger ordentlich wirken als etwa in Oberbayern. Ich erkläre mir das auch durch das Fehlen eines Regionalstils, an den man architektonisch anknüpfen kann, wie es in Süddeutschland, aber auch im hohen Norden, der Fall ist. Der ländliche Raum ist zudem weniger vorn traditioneller bäuerlicher Architektur geprägt, als etwa das Voralpenland. So wirkt Architektur der 1970er und 80er Jahre im Rheinland auch in kleineren Orten oft noch weniger ortsbezogen als im Süden. Der Anteil brutalistischer Architektur schien im Rheinland auch besonders hoch zu sein. Allerdings sind darunter auch expressive Meisterwerke wie die Betonbauten von Gottfried Böhm. Ein solches Bauwerk steht mit dem Rathaus auch im Stadtteil Bensberg. Dieses wird auch *Affenfelsen* genannt und gehört zu den Höhepunkten westdeutscher Nachkriegsarchitektur. Wenn man sucht, findet man noch andere interessante Ecken in Bergisch Gladbach, vor allem im Stadtteil Bensberg, so etwa ein prächtiges Schloss. Von den Höhenzügen des Bergischen Landes, in welchen die Stadt liegt, hat man auch einen schönen Blick auf die Kölner Bucht und man sieht im Dunst und Smog den markanten Kölner Dom.

❖ Siegburg

Siegburg ist eine sympathische Mittelstadt und durch den ICE-Bahnhof Siegburg-Bonn, der quasi den Ballungsraum Bonn mitbedient, sehr gut and das deutsche Eisenbahn-hochgeschwindigkeitsnetz angeschlossen. Deshalb und wegen der guten Anbindung an Köln, Bonn und Frankfurt, sind die Immobilienpreise hier höher als in vergleichbaren Mittelstädten. Zudem hat man sich hier gegen ein Einkaufs-zentrum entschieden und so den Einzelhandel der Innen-stadt vor der Verödung bewahrt. Der innenstadtnahe Michaelsberg mit seiner Abtei verleiht der Stadt zusätzliche Attraktivität. In Siegburg bin ich öfters, um mir eine Woh-nung zu suchen. Doch immer scheitere ich an den Preisen oder an der mangelnden Qualität der Objekte. Schließlich gebe ich die Wohnungssuche auf.

❖ Bad Honnef

In Bad Honnef war ich mehrmals und der Grund war immer Konrad Adenauer. Adenauer war ein Erfinder und im Ers-ten Weltkrieg entwickelte er ein Notzeitbrot auf Mais-mehlbasis, für das er 1915 ein Patent anmeldete. Dieses Patent war lange Zeit im Fenster des Cafés Profittlich ausgestellt, wo es dieses Notzeitbrot auch zu kaufen gibt. Um das Brot Kollegen mitbringen zu können, war ich öfters in der Bäckerei (mittlerweile ist das Patent allerdings nicht mehr ausgestellt). In Rhöndorf hatte Konrad Adenauer als Kanzler auch gelebt und sein Wohnhaus ist heute ein Museum. Als ich das Konrad-Adenauer-Haus besuche, fällt der schöne Blick über das Rheintal und das Siebengebirge auf, und in was für einer Idylle Adenauer somit gelebt hat.

❖ Stolberg (Rheinland)

Stolberg macht auf Bildern mit seiner beeindruckenden Burganlage auf einem Kalksteinfelsen viel her. Ein Besuch vor Ort ist jedoch ein bisschen ernüchternder. Die Burg stellt sich als historistischer Wiederaufbau aus dem 19. Jahrhundert heraus, nachdem von der mittelalterlichen Burg nur noch eine Ruine übriggeblieben war. Stolberg ist auch keine pittoreske mittelalterliche Kleinstadt, sondern eher eine Stadt mit langer Industriegeschichte. Die lange Tradition der Metallverarbeitung zeigt sich in Beinamen wie *Kupferstadt* oder *älteste Messingstadt der Welt*. Dazu beigetragen hat religiöse Intoleranz, die Tatsache, dass Protestanten in Aachen zeitweise nicht geduldet waren und sich deshalb im nahen Stolberg ansiedelten. Das war auch der Hintergrund der Nadelfirma Prym, lange Zeit ältestes noch bestehendes Industrieunternehmen Deutschlands. Die Messingproduktion hing auch mit der Übersiedlung protestantischer Kupfermeister aus Aachen zusammen. Man sieht Stolberg die lange Industriegeschichte an. Später kamen noch brutalistische Verwaltungsgebäude, wie das neue Rathaus dazu. Stolberg ist eine Stadt mit interessanter Gewerbegeschichte und entsprechenden Denkmälern aber trotz vieler historischer Straßenzüge mit Natursteinfassaden kein richtig idyllischer Touristenort. Auch zum Einkaufen fahren viele Stolberger lieber nach Aachen.

Dreimal war ich bisher in Stolberg. Beim zweiten Mal schaue ich mir den Stadtteil Breinig an, der auf der Liste der historischen Ortskerne von NRW verzeichnet ist. Dieser ist etwas pittoresker als das Stadtzentrum, aber doch sehr winzig. Beim dritten Mal bin ich wieder in der Innenstadt und diesmal beeindrucken mich die in Deutschland doch selten zu sehenden Bruchsteinfassaden sehr.

❖ Jülich

Ebenso wie Düren ist auch Jülich im Zweiten Weltkrieg sehr stark zerstört worden. Die Stadt wurde jedoch zumindest im alten Grundriss wiederaufgebaut. Von den Stadttoren ist lediglich das Hexentor erhalten geblieben. Erstaunlich gut erhalten ist jedoch die Zitadelle, einst Bestandteil der Festungsstadt Jülich. Fährt man mit der Bahn von Düren nach Jülich, sind erstaunlich viele internationale Wissenschaftler im Zug. Das Forschungszentrum Jülich mit den Schwerpunkten Physik und Supercomputing beschäftigt 6000 Menschen und besitzt Supercomputer, die zu den leistungsfähigsten Europas gehören.

❖ Gummersbach

Im Oktober 2020 bin ich im Bergischen Land unterwegs und besuche erst das etwas verschlafene Waldbröl, das aber ein paar nette Ecken hat und darauf das etwas lebendigere und sehenswertere Wiehl. Von dort sollte es mit dem Bus weiter nach Wipperfürth gehen. Leider verpasse ich den Bus und bleibe in Gummersbach hängen. Diese Mittelstadt ist deutlich größer als die beiden vorher besuchten Orte und erweist sich, verglichen mit diesen, als deutlich lebendiger. Busbahnhof und Bahnhof sind neu und modern und seit ein paar Jahren ist die Stadt durch eine Streckenreaktivierung nicht nur mit Köln, sondern auch mit Hagen per Bahn verbunden. Auf der stadtabgewandten Seite des Bahnhofs ein ehemaliges Firmengelände, das städtebaulich entwickelt wurde. Hier gibt es Büchereien und Veranstaltungsorte in ehemaligen Fabrikhallen. Gummersbach ist Handballmetropole. Der VFL Gummersbach war lange ein führender Handballverein in Deutschland und Europa. Der in Gummersbach geborenen Heiner Brand war Spieler und

Trainer beim VfL und Nationaltrainer. Die VfL Spielstätte (Schwalbe-Arena) liegt heute am Heiner-Brand Platz.

Die Innenstadt von Gummersbach ist nicht besonders pittoresk, hat aber einige reizvolle Gebäude im bergischen Stil und ihre Einkaufszentralität ist relativ hoch. So ist die Fußgängerzone auch am späten Samstagnachmittag noch viel belebter als in den vorher besuchten Kleinstädten früher am Tag. Siegen und Gummersbach sind übrigens die einzigen deutschen Städte, wo man zwischen ALDI Nord und ALDI Süd auswählen kann, denn der sogenannte ALDI-Äquator, der die beiden Unternehmen ALDI Süd und Nord trennt, läuft durch das Stadtgebiet.

❖ ❀ Nideggen

Die kleine pittoreske Stadt Nideggen liegt in den Höhenzügen der Eifel. Ich komme mit dem Bus von Zülpich, wo mir die große Zahl von erhalten gebliebenen historischen Stadttoren, so das Münstertor und das Kölntor aufgefallen ist. Auch in Nideggen fallen die Stadttore auf, vor allem das Dürener Tor mit seinem Fachwerkanbau. Eine richtige Burg gibt es in Nideggen auch. Nideggen ist eine sehenswerte, aber auch etwas verschlafene Kleinstadt.

❖ Königswinter

Königswinter bei Bonn hat zwei Highlights. Zum einen die Drachenfelsbahn, eine der wenigen Zahnradbahnen in Deutschland. Von der Bergstation Drachenfels hat man einen wunderbaren Ausblick auf das Siebengebirge und den Rhein. Bei meinem ersten Besuch gab es noch ein mittlerweile abgerissenes brutalistisches Restaurant, welches die Besuchermassen gut bewältigte, den Gipfel aber etwas verschandelte. Auf halber Höhe, mit eigener Bahnstation, das historistische Schloss Drachenburg.

Das zweite Highlight der Stadt ist das Bundesgästehaus auf dem Petersberg, eine Art Luxushotel. Hier veranstaltete das Bundesministerium für Bildung und Wissenschaft im Jahr 2002 eine Konferenz und ich konnte nicht nur den Ausblick genießen, sondern auch übernachten, jedoch in Zimmern, die weniger luxuriös waren als erwartet.

❖ ✪ Hennef-Blankenberg

Die Kernstadt von Hennef ist selbst schon sehenswert, auch durch die Lage an der Sieg. Noch idyllischer ist es jedoch im Ortsteil Stadt Blankenberg, also einer Titularstadt. Blankenberg bietet ein perfekt erhaltenes historisches Stadtbild mit Türmen, Stadttoren und schönen Fachwerkhäusern. Eines der schönsten Ortsbilder in NRW.

❖ Wermelskirchen

Zu den schönsten bergischen Städten gehört Wermelskirchen. Etliche Gebäude an der Hauptstraße Eich und am Markt im *Bergischen Dreiklang* schwarz-weiß-grün. Meist grauschwarze Schieferfassaden oder -dächer, grüne Fensterläden und weiße Fenster- und Türrahmen. Bei Fachwerkhäusern schwarze Balken und weiße Gefache. In Wermelskirchen sind neben den historischen Gebäuden auch moderne Bauten oft in den Farben des Bergischen Dreiklangs gestaltet und auch in den Seitenstraßen findet sich interessante Architektur. Bisher war ich erst ein einziges Mal in Wermelskirchen, im Oktober 2020, aber die Stadt fand ich gleich überdurchschnittlich interessant.

❖ ✪ Wassenberg

Klein und von niedriger Einkaufszentralität hat Wassenberg doch etliche Reize. Dazu gehören eine Burg mit guter Aussicht über die Rheinische Tiefebene, Reste einer mittelalterlichen Stadtbefestigung mit Mauern und Wehrtürmen, ein kleiner reizvoller Park mit kleinem See und ein kleiner Stadtplatz hinter dem Rathaus.

Stadtmauerturm in Wassenberg

❖ Bergneustadt

Was mir in Bergneustadt immer in Erinnerung bleiben wird, ist ein Verkehrskreisel mit einer Art Metall-Pusteblume des Künstlers Werner Klingelhöfer. Daran haften 102 Tafeln mit den Wappen von 37 Städten mit dem Namen Neustadt (darunter 28 aus Deutschland, 3 aus Tschechien, 2 jeweils aus Österreich und Polen, eine jeweils aus Ungarn und der Slowakei), welche in einer entsprechenden Arbeitsgemeinschaft vertreten sind. Bis 1884 hieß Bergneustadt selbst Neustadt. Ansonsten ist es eine behagliche Kleinstadt mit typischer bergischer Architektur.

❖ Wipperfürth

Wie viele andere Orte der Region ist die Altstadt von Wipperfürth geprägt von Architektur im Bergischen Stil. Doch auf dem großen Marktplatz der ehemaligen Hansestadt zeigen sich auch andere Architekturtypen. Mit seinen Restaurants und den Tischen auf der Straße wirkt er sogar ein bisschen süddeutsch. Im Jahre 2019 gab es bei der

Pflasterung des Platzes mit Grauwacke einen kleinen Skandal, als die Bürger feststellten, dass die Steine bis aus Indien kamen.

Marktplatz von Wipperfürth

Leverkusen

Kann er einen nicht verknusen, schickt er ihn nach Leverkusen. Die Chemiestadt am Rhein ist nach dem Apotheker Carl Leverkus benannt, der Mitte des 19. Jahrhunderts in Wiesdorf am Rhein eine Chemiefabrik baute, aus der später das Unternehmen Beyer hervorging. Die entsprechende Wirtschaftsstärke hat der Stadt auch zu einem erfolgreichen Fußballverein verholfen. Leverkusen bietet heute ein heterogenes Stadtbild mit einzelnen, verstreut liegenden Sehenswürdigkeiten. Bei Leverkusen denken viele an das weithin sichtbare Bayer-Kreuz. Das Zentrum der Stadt ist weniger markant. Auf einem mediokren Shoppingcenter, der Rathausgalerie, sitzt wie ein Ufo der Ring des Rathauses. Der Bahnhof Leverkusen-Mitte erinnert an eine S-Bahnstation und ist wenig repräsentativ. Gewachsener wirken die Strukturen im Stadtteil Opladen. Pittoresk ist jedoch auch dieser nicht.

Düren

Mit Verlusten von 99% der innerstädtischen Bausubstanz gilt Düren als die im Zweiten Weltkrieg am schwersten zerstörte deutsche Stadt. Da man keine historischen Gebäude wiederaufgebaut hat, gibt es praktisch keine Spuren der einstigen mittelalterlichen Stadt. Die gotische Annakirche im Stadtzentrum war bis lange nach dem Krieg ein Trümmerhaufen und erst 1954-56 wurde aus den Bruchsteinen eine Kirche in moderner Kubatur errichtet. Düren ist heute ein Monument des Wiederaufbaus, mit markantem Rathaus aus den 1950er Jahren und eher gesichtslosen Wohnbauten. Das Bahnhofsgebäude ist allerdings in seiner historischen Form erhalten geblieben. Immer wieder bin ich hier umgestiegen, mal, weil ein ICE liegen blieb, mal, um von hier nach Jülich oder nach Heimbach zu fahren. Das Leopold Hoesch-Museum, ein Kunstmuseum ist ein weiteres erhalten gebliebenes historisches Gebäude. Das benachbarte Papiermuseum Düren ist vor wenigen Jahren in einen minimalistischen Neubau umgezogen. Düren war einst eine wichtige Stadt der Papierherstellung. Ganz im Süden der Stadt gibt es sogar noch ein historisches Wasserschloss, das überraschend idyllische Schloss Burgau.

Euskirchen

Euskirchen ist eine passable Mittelstadt und mit zentralörtlichen Funktionen ausgestattet. Trotz vieler erhaltener historischer Gebäude ist das Stadtbild nicht besonders prägnant oder pittoresk. Euskirchen ist Einkaufsstadt der Eifelregion aber nicht unbedingt eine Touristenstadt. Helmut Schmidt hatte einen langweiligen Text einmal mit dem Telefonbuch von Euskirchen verglichen.

Bornheim

Einmal bin ich mit der Stadtbahn von Köln Richtung Bonn unterwegs. Ich unterbreche die Fahrt in Bornheim, um im dortigen Ortsteil Merten das Grab von Heinrich Böll (1917-1985) zu besuchen. Erstaunlicherweise bin ich der einzige Besucher. Das Grab ist jedoch mit einem Gebinde und relativ frischen Blumen geschmückt. Böll hatte in seinen letzten Jahren in Bornheim am Hang mit Blick auf die Rheinebene gewohnt.

Grab von Heinrich Böll

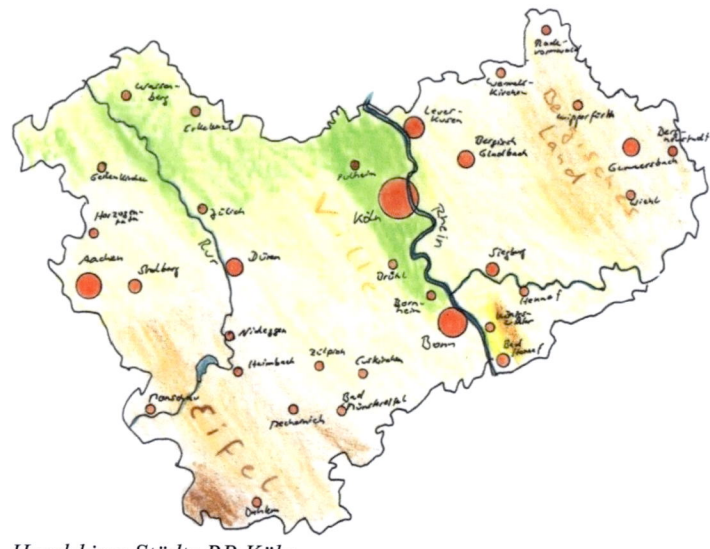

Handskizze Städte RB Köln

Besuchte Städte RB Köln (NRW): 62 (alle)

<u>**Top 100-NRW-Städte (Top 10 fett)**</u>**: Köln, Bonn, Aachen, Monschau, Brühl, Bad Münstereifel, Bergisch Gladbach, Bad Honnef, Siegburg, Stolberg,** Bergneustadt, Gummersbach, Hennef, Jülich, Königswinter, Nideggen, Wermelskirchen, Wassenberg, Wipperfürth

<u>**Andere besuchte Orte:**</u>

Alsdorf, Bedburg, Bergheim, Bergneustadt, Bornheim, Düren, Erftstadt, Eschweiler, Euskirchen, Frechen, Geilenkirchen, Heinsberg, Hückelhoven, Hückeswagen, Erkelenz, Geilenkirchen, Herzogenrath, Hennef, Hückelhoven, Hürth, Kerpen, Leverkusen, Linnich, Lohmar, Mechernich Meckenheim, Niederkassel, Overath, Pulheim, Radevormwald, Rheinbach, Rösrath, Schleiden, St. Augustin, Troisdorf, Übach-Palenberg, Waldbröl, Wesseling, Wiehl, Würselen, Zülpich

Anhang

Landschaftspark Duisburg-Nord

1. Von mir besuchte Städte und Gemeinden nach Bundesländern

Region	Besichtigte Städte (+ andere Orte)	Gesamtzahl der Städte	% gesehen
Berlin Brandenburg	69 (+4)	114	61
Mecklenburg-Vorpommern	37 (+4)	84	44
Sachsen-Anhalt	41	104	40
Thüringen	34	118	29
Sachsen	46	169	27
Hamburg Schleswig-Holstein	29	64	45
Bremen	2	2	100
Niedersachsen	133 (+2)	159	84
NRW	272 (+2)	272	100
Hessen	105	190	55
Rheinland-Pfalz	74 (+1)	131	57
Saarland	17	17	100
Baden-Württemberg	173 (+7)	312	55
Bayern	186 (+21)	313	59
Deutschland	1218 (+41)	2049	60

2. Die Top 100-Städte von NRW

RB	Top 10	Weitere Top 100 NRW
Detmold (21)	Detmold, Bielefeld, Paderborn, Warburg, Herford, Minden, Lemgo, Blomberg, Halle (Wf), Gütersloh	Bad Salzuflen, Bad Oeynhausen, Bad Lippspringe, Brakel, Bünde, Höxter, Horn-Bad Meinberg, Lügde, Rheda-Wiedenbrück, Rietberg, Schieder-Schwalenberg
Münster (21)	Münster, Billerbeck, Warendorf, Coesfeld, Lüdinghausen, Horstmar, Rheine, Steinfurt, Herten (Westerholt), Tecklenburg	Ahlen, Bocholt, Dorsten, Emsdetten, Gelsenkirchen, Haltern, Rheine, Recklinghausen, Telgte, Waltrop, Ahaus
Arnsberg (19)	Soest, Dortmund, Arnsberg, Freudenberg, Siegen, Hattingen, Menden, Bochum, Lippstadt, Herdecke	Altena, Bad Berleburg, Hagen, Lüdenscheid, Olpe, Rüthen, Schmallenberg, Unna, Werne
Düsseldorf (20)	Düsseldorf, Duisburg, Mülheim, Essen, Wuppertal, Kempen, Velbert, Remscheid, Xanten, Kalkar	Kleve, Krefeld, Moers, Monheim, Neuss, Oberhausen, Rheinberg, Ratingen, Solingen, Straelen
Köln (19)	Köln, Bonn, Aachen, Monschau, Brühl, Bad Münstereifel, Bergisch Gladbach, Siegburg, Bad Honnef, Stolberg	Bergneustadt, Gummersbach, Hennef, Jülich, Königswinter, Nideggen, Wermelskirchen, Wassenberg, Wipperfürth,

3. Historische Stadt- und Ortskerne in NRW
(59 Städte und Orte)

Orts-kerne	Aachen-Kornelimünster, Bad Berleburg-Elsoff, Bedburg-Kaster, Bergneustadt, Blankenheim Dahlem-Kronenburg, Hallenberg, Hattingen-Blankenstein, Hellenthal-Reiferscheid, Hennef-Bad Blankenberg, Herten-Westerholt, Korschenbroich-Liedberg, Mechernich-Kommern, Meschede-Eversberg, Nideggen, Nieheim, Schleiden-Olef, Solingen-Gräfrath, Stolberg-Breinig, Wachtendonk
Stadt-kerne	Arnsberg, Bad Berleburg, Bad Laasphe, Bad Münstereifel, Bad Salzuflen, Blomberg, Brakel, Detmold, Düsseldorf-Kaiserswerth, Freudenberg, Hattingen, Horn- Bad Meinberg, Höxter, Hückeswagen, Kalkar, Kempen, Krefeld-Linn, Lemgo, Lippstadt, Lügde, Minden, Monschau, Remscheid-Lennep, Rheda-Wiedenbrück, Rietberg, Schieder-Schwalenbeck, Schmallenberg, Siegen, Soest, Steinfurt-Burgsteinfurt, Siegen, Stolberg, Tecklenburg, Telgte, Unna, Velbert-Langenberg, Warburg, Warendorf, Werl, Werne

Quelle: https://www.hso-nrw.de/

4. UNESCO Weltkulturerbe NRW

Aachen: Dom (seit 1978)
Brühl: Schlösser Augustusburg und Falkenlust
Corvey: Schloss (Benediktinerkloster)
Essen: Zeche Zollverein
Köln: Dom (seit 1996)

5. Städte in NRW mit über 100 000 Einwohnern

Stadt	Fläche (km²)	Einwohnerzahl (1000), 2010	Einwohnerzahl (1000), 2020
Köln	405	1007	1083
Düsseldorf	217	589	621
Dortmund	281	580	588
Essen	210	575	582
Duisburg	233	490	496
Bochum	146	375	364
Wuppertal	168	349	355
Bielefeld	259	323	334
Bonn	141	325	331
Münster	303	280	316
Mönchengladbach	170	258	260
Gelsenkirchen	105	258	259
Aachen	161	259	249
Krefeld	138	235	227
Oberhausen	77	213	210
Hagen	160	189	189
Hamm	226	182	179
Mülheim/Ruhr	91	167	171
Leverkusen	79	161	164
Solingen	90	160	159
Herne	51	165	157
Neuss	100	151	153
Paderborn	180	146	152
Bottrop	101	117	117
B. Gladbach	83	106	112
Remscheid	67	118	112
Recklinghausen	75	111	111
Moers	68	106	103
Siegen	115	103	102
Gütersloh	112	96	101

6. Städte in NRW mit Fußballbundesligavereinen
(Saison 2021/22)

Stadt	1. Bundes-liga	2. Bundes-liga	3. Liga	Regional-liga West
Köln	x		x	
Düsseldorf		x		
Dortmund	x		X (Amateure)	
Essen				x
Duisburg			x	
Bochum	x			
Bielefeld	x			
Bonn				x
Münster				x
M.gladbach	x			
Gelsenkirchen		x		
Aachen				x
Krefeld			X (Uerding.)	
Oberhausen				x
Leverkusen	x			
Paderborn		x		
Ber. Gladbach				x
Lippstadt				x
Ahlen				x
Verl			x	
Lotte				x

7. Städte in NRW mit besonderen Verkehrsmitteln

Stadt	U-Stadt-bahn	Straßen-bahn	Schwebe-bahn, Hänge-bahn	Seilbahn
Köln	x	x		x
Düsseldorf	x	x	X (Airport)	
Dortmund	x	x	X (Uni)	X (Sessellift)
Essen	x	x		
Duisburg	x	x		
Bochum	x	x		
Wuppertal			x	
Bielefeld	x	x		
Bonn	x	x		
Münster				x
M.gladbach				
Gelsenkirchen	x	x		
Aachen				
Krefeld	x	x		
Oberhausen	x	x		
Hagen				
Hamm				
Mülheim/Ruhr	x	x		
Leverkusen				
Solingen		(O-Bus)		x
Paderborn				

Besonderheiten:

Solingen: Oberleitungsbus

Münster: Fahrradstadt, Bootsrundfahrten auf dem Aasee

Dortmund: Sessellift im Westfalenpark,

Köln: Kindereisenbahn im Rheinpark, Fähren

Bonn: Zahnradbahn in Königswinter, Seilbahn in Diskussion

Wuppertal: Nordbahntrasse: Radweg auf innerstädtischer Bahnlinie

Hagen hatte einst eine Kabinenbahnteststrecke

117

8. Hansestädte in NRW (Auswahl)

Ahlen, Arnsberg, Attendorn
Beckum, Bocholt, Bochum, Borgentreich, Borken, Brakel,
Breckerfeld, Brilon
Coesfeld
Dorsten, Duisburg, Dülmen
Emmerich, Essen
Geseke, Goch
Haltern am See, Hamm, Hattingen, Herford, Höxter
Kalkar, Kamen, Köln
Lemgo, Lennep, Lippstadt, Lüdenscheid, Lünen
Marsberg, Medebach, Meschede, Minden, Münster
Neuss, Nieheim
Olpe
Paderborn
Ratingen, Recklinghausen, Rheda-Wiedenbrück, Rüthen
Schmallenberg, Schwerte, Soest
Telgte
Unna
Warburg, Warendorf, Werl, Werne, Wesel, Wipperfürth

9. Quermania-Abstimmung der schönsten Städte NRW

1. Soest   2354
2. Münster   1054
3. Bad Salzuflen   346
4. Düsseldorf   155
5. Minden   94
6. Vlotho   88
7. Köln, Monschau   78,79
9. Lemgo   73
10. Detmold   65
11. Paderborn   58
12. Bonn, Höxter   54
14. Aachen   41
15. Blomberg   40
16. Warburg   21
17. Wuppertal   18
18. Bad Münstereifel   17
19. Xanten   16
20. Rietberg, Rheda-Wiedenbrück   13
22. Bad Oeynhausen   10
23. Arnsberg, Tecklenburg, Gütersloh   9
26. Freudenberg, Horn-Bad Meinberg   7
28. Lüdinghausen   5
29. Kleve, Kevelaer   4
31. Rheine, Hattingen   2

Weitere aufgelistete sehenswerte Städte (ohne Stimmen):
Kaster, Bad Berleburg, Kalkar, Lügde, Schieder-
Schwalenberg, Remscheid-Lennep.

Quelle: www.quermania.de (Januar 2022)

Weitere Bücher des Autors zu Städten
(Siehe www.bod.de)

Weg ist das Ziel
Wie ich tausendundeine Stadt in Deutschland besuchte
Books on Demand, Norderstedt 2020

Nordlichter
100 Städte in Norddeutschland, die man kennen sollte
Books on Demand, Norderstedt 2021

Zeitzeeing
100 Städte in Mittel- und Ostdeutschland, die man kennen
sollte
Books on Demand, Norderstedt 2021

Weiß-blaue Schatzkästlein
100 Städte in Bayern, die man kennen sollte
Books on Demand, Norderstedt 2022

Butterseelenallein
100 Städte in Baden-Württemberg und im Elsass, welche
man kennen sollte
Books on Demand, Norderstedt 2022

Von Kassel bis Kusel
100 Städte in Hessen, Rheinland-Pfalz und im Saarland, die
man kennen sollte
Books on Demand, Norderstedt 2022

Puppenstube und Frittenbude
100 Städte in den Beneluxländern, die man kennen sollte
Books on Demand, Norderstedt 2021